L'accomplissement de soi

Groupe Eyrolles
61, bd Saint-Germain
75240 Paris Cedex 05

www.editions-eyrolles.com

L'édition originale de ce livre a été publiée aux États-Unis sous le titre *Religions, values and peak experiences.*

Copyright © Kappa Delta Pi, 1964
Preface copyright © Viking Penguin, Inc., 1970

Cet ouvrage a fait l'objet d'un reconditionnement à l'occasion de son septième tirage (nouvelle couverture). Le texte reste inchangé par rapport au tirage précédent.

 Le code de la propriété intellectuelle du 1er juillet 1992 interdit en effet expressément la photocopie à usage collectif sans autorisation des ayants droit. Or, cette pratique s'est généralisée notamment dans l'enseignement provoquant une baisse brutale des achats de livres, au point que la possibilité même pour les auteurs de créer des œuvres nouvelles et de les faire éditer correctement est aujourd'hui menacée.

En application de la loi du 11 mars 1957, il est interdit de reproduire intégralement ou partiellement le présent ouvrage, sur quelque support que ce soit, sans autorisation de l'Éditeur ou du Centre Français d'Exploitation du Droit de copie, 20, rue des Grands-Augustins, 75006 Paris.

© Groupe Eyrolles 2004, pour le texte de la présente édition
© Groupe Eyrolles 2013, pour la nouvelle présentation
ISBN : 978-2-212-55729-9

Abraham Maslow

L'accomplissement de soi

De la motivation à la plénitude

Traduit de l'américain par Emily Borgeaud

Septième tirage 2013

EYROLLES

Note de l'éditeur

Abraham Maslow (1908-1970) est connu par les uns pour ses études sur la motivation, souvent résumées à une simple pyramide dont il faudrait monter les degrés les uns après les autres pour atteindre la satisfaction. Pour d'autres, c'est un psychologue humaniste dont le nom doit s'inscrire parmi les grands du XXe siècle, à côté de Carl Gustav Jung et de quelques autres. D'autres encore voient en lui la figure de proue de la psychologie transpersonnelle – cette branche de la psychologie qui dépasse ce qui concerne strictement la personnalité pour s'intéresser à la dimension spirituelle de l'homme et aux états de conscience exceptionnels.

Abraham Maslow est tout cela à la fois. Ces visions fragmentées donnent chacune un aperçu juste mais incomplet. Les premières recherches de Maslow ont concerné le comportement des animaux (chiens, singes) et les déterminants du comportement humain en société. À partir des années 1940, son intérêt s'est porté sur les sentiments négatifs (la peur, la privation, l'insécurité), pour ensuite se tourner vers leur contraire, la motivation et la satisfaction. Dès le début des années 1950, ses études sur la motivation le conduisent à s'interroger sur l'accomplissement de soi et, une décennie plus tard, sur les expériences mystiques.

L'ACCOMPLISSEMENT DE SOI

La continuité est claire dans cette démarche qui conduit Maslow de l'analyse des états psychologiques les plus pénibles à l'étude de la motivation puis du sentiment de plénitude.

Il est à noter d'ailleurs que Maslow n'a pas étudié la motivation dans le contexte professionnel. Ce sont les psychologues du travail qui ont repris ses analyses pour les appliquer aux organisations. Il s'est en revanche intéressé au management et a laissé des notes à ce sujet, qui ont été reprises dans un livre, *Eupsychian Management* (récemment réédité aux États-Unis sous le titre *Maslow on Management*). Maslow pensait en effet que les progrès de la psychologie humaniste devaient naturellement trouver une application concrète dans la gestion des hommes, et qu'il fallait la faire évoluer vers un management qu'il appelait « eupsychique », c'est-à-dire orienté vers la santé psychologique.

Les lecteurs de Maslow n'ont souvent retenu qu'un aspect de ses recherches. Nous avons voulu, dans ce livre, montrer la dynamique et l'étendue de ses travaux. Aussi nous présentons d'abord ses premiers articles consacrés à la motivation, puis son essai où il oppose expérience mystique et religion.

Pour une bibliographie complète d'Abraham Maslow, voir www.maslow.com.

Sommaire

Note de l'éditeur ... 5
Sommaire ... 7

PRIVATION, MENACE ET FRUSTRATION ... 9

UNE THÉORIE DE LA MOTIVATION ... 15
Introduction ... 17
Les besoins fondamentaux ... 20
Autres caractéristiques des besoins fondamentaux ... 38
Résumé ... 50
Notes et références ... 53

RELIGIONS, VALEURS ET EXPÉRIENCES PAROXYSTIQUES ... 57

Préface ... 59

Chapitre 1 – Introduction ... 71

Chapitre 2 – Réconcilier science et religion ... 79

Chapitre 3 – L'expérience « religieuse première », ou « transcendante » ... 87

Chapitre 4 – Du danger des organisations pour les expériences transcendantes ... 97

Chapitre 5 – Espoir, scepticisme et nature supérieure de l'homme ... 103

Chapitre 6 – Science, libres croyants et athées ... 107

Chapitre 7 – Une éducation sans valeurs ? ... 115

Chapitre 8 – Conclusion ... 121

Annexe A – Aspects religieux des expériences paroxystiques 125

Annexe B – La troisième psychologie 137

Annexe C – Formulations ethnocentriques des expériences paroxystiques 141

Annexe D – Quelle est la validité de la connaissance acquise lors des expériences paroxystiques ? 145

Annexe E – Préface à *Une nouvelle connaissance des valeurs humaines* 153

Annexe F – Communication rhapsodique, isomorphe 157

Annexe G – Les valeurs ontiques comme descriptions de la perception lors des expériences paroxystiques 165

Annexe H – Raisons naturelles de préférer les valeurs de croissance aux valeurs de régression en situation de libre choix 171

Annexe I – Un exemple d'analyse ontique 179

Notes et références 193
Notes 193
Bibliographie 199

Note du traducteur – Choix lexicaux 207

PRIVATION, MENACE ET FRUSTRATION

L'édition originale de cet article a été publiée sous le titre « Deprivation, Threat and Frustration » dans la *Psychological Review*, n° 48 (1941), p. 364-366. Cet article a été initialement présenté lors du séminaire sur les effets de la frustration, Congrès de l'Eastern Psychological Association, 1940.

Parle-t-on de frustration que l'on commet facilement l'erreur de segmenter l'être humain. Ce que l'on dit insatisfait, c'est toujours la bouche, l'estomac ou un besoin. Or, ne l'oublions pas, c'est un être humain tout entier qui est frustré, jamais une partie d'un être humain.

Cela étant acquis, une distinction importante s'impose, la différence entre la privation et la mise en danger de la personnalité. Les définitions habituelles de la frustration ne vont guère au-delà du fait de ne pas obtenir ce que l'on souhaite, de la notion de désir ou de satisfaction contrariés. Elles ne rendent pas compte de la distinction entre une privation qui est sans importance pour l'organisme (facilement substituable, avec peu d'effets consécutifs sérieux) et une privation qui constitue dans le même temps une menace pour la personnalité, c'est-à-dire les objectifs de vie de l'individu, son système de défense, son estime de soi ou son sentiment de sécurité. Je soutiens ici que seule la privation menaçante est assortie de la multitude d'effets (en général indésirables) communément attribués à la « frustration ».

Un objet-but peut revêtir deux significations pour un individu : sa signification intrinsèque d'une part, mais aussi une valeur seconde, symbolique. Ainsi, tel enfant privé d'un cornet de glace dont il avait envie perdra simplement le cornet de glace. Un autre enfant, cependant, lui aussi privé d'un cornet de glace, pourra perdre non seulement une satisfaction sensorielle mais se sentir également privé de l'amour de sa mère parce qu'elle aura refusé de le lui acheter. Pour le deuxième enfant, la glace n'a pas seulement une valeur intrinsèque mais sera aussi le support de valeurs psychologiques. N'être privé que d'un cornet de glace en tant que tel ne signifiera sans doute pas grand-chose pour un individu sain, et on est dès lors fondé à se demander s'il convient seulement d'employer le même mot – frustration – que celui qui renvoie à d'autres privations plus menaçantes. Ce n'est que lorsqu'un objet-but représente amour, prestige, respect ou accomplissement qu'en être privé aura les effets négatifs ordinairement attribués à la frustration.

Certains groupes d'animaux et certaines situations permettent d'observer très clairement qu'un objet peut revêtir une signification double. Il a été montré par exemple que lorsque deux singes sont dans une relation de domination-subordination, un morceau de nourriture est : 1. un moyen d'apaiser la faim ; et aussi 2. un symbole du statut de domination. Si l'animal subordonné tente de ramasser la nourriture, il sera immédiatement attaqué par l'animal dominant. Si, cependant, il peut priver la nourriture de sa valeur symbolique, alors le dominant la lui laissera manger. Ce qu'il peut obtenir très facilement par un geste d'obéissance, de présentation, lorsqu'il s'approche de la nourriture ; comme s'il disait : « Je ne veux cette banane que pour apaiser ma faim, je ne veux pas défier ta domination. J'accepte ta domination. » De la même manière, nous pouvons réagir de deux façons à la critique que nous fait un ami. En général, l'individu moyen y répondra en se sentant attaqué et menacé (ce qui est tout à fait légitime puisque la critique est souvent une attaque). Il se hérisse et se met en colère. Mais s'il est assuré que cette critique n'est pas une attaque ou un rejet de sa personne, alors non seulement il y prêtera l'oreille mais il est probable qu'il en sera même reconnaissant. Ainsi, s'il a déjà reçu des milliers de preuves que son ami l'aime et le respecte, la critique ne représente rien d'autre qu'une critique ; elle ne représente pas aussi une attaque ou une menace. L'omission de cette distinction a été source de remous bien inutiles dans les cercles psychanalytiques. Une question récurrente ne cesse ainsi d'agiter les spécialistes : la privation sexuelle suscite-t-elle systématiquement tous ou l'un quelconque des nombreux effets de la frustration, tels l'agressivité, la sublimation, etc. ? On sait désormais que les cas sont légion d'abstinence sexuelle sans effets psychopathologiques. Dans de nombreux autres cas, cependant, elle est assortie de multiples effets négatifs. Quels facteurs déterminent la nature des effets ? La recherche clinique sur des sujets non névrosés indique clairement que la privation sexuelle ne devient sévèrement pathogène que lorsqu'elle est ressentie par l'individu comme représentant un rejet par le sexe opposé, une infériorité, une absence de valeur, un manque de respect ou l'isolement. La privation sexuelle peut être supportée relativement facilement par les individus pour lesquels elle ne revêt pas ce type d'implications. (Ce qui n'exclut pas que l'on observera probablement ce que Rosenzweig appelle des réponses de persistance du besoin mais elles ne sont pas nécessairement pathologiques.)

Les privations inévitables de l'enfance sont aussi considérées en général comme frustrantes. Le sevrage, apprendre à être propre, apprendre à marcher, en fait chaque niveau d'ajustement est conçu comme devant être atteint et dépassé en contraignant l'enfant. Ici également, la distinction entre la simple privation et la mise en péril de la personnalité doit nous inciter à la plus grande prudence. L'observation d'enfants totalement assurés de l'amour et du respect de leurs parents a montré que les privations sont parfois supportées avec une facilité déconcertante. Il y a très peu d'effets frustrants si ces privations ne sont pas conçues par l'enfant comme mettant en danger sa personnalité fondamentale, ses objectifs, ou besoins, de vie essentiels.

De ce point de vue, il s'ensuit que le phénomène de la frustration menaçante est plus voisin d'autres situations de menace qu'il ne l'est de la simple privation. On observe que les effets classiques de la frustration sont également souvent le fruit d'autres types de menaces traumatisantes, conflit, rejet, maladie grave, menace physique réelle, imminence de la mort, humiliation, isolement ou perte de prestige.

Pour conclure, je dirai que la frustration comme concept unique est peut-être moins utile que les deux concepts qui la recoupent : 1. la privation ; et 2. la menace pour la personnalité. La privation implique beaucoup moins que ce qui est généralement induit dans le concept de frustration ; la menace implique beaucoup plus.

UNE THÉORIE DE LA MOTIVATION

L'édition originale de cet article a été publiée sous le titre
« A Theory of Human Motivation » dans la *Psychological Review*,
n° 50 (1943), p. 370-396.

INTRODUCTION

Dans un précédent article [13], j'ai présenté diverses propositions qu'il conviendrait d'intégrer dans toute théorie de la motivation humaine qui pourrait prétendre être définitive. Ces conclusions peuvent être résumées comme suit :

1. L'unité de l'organisme doit être l'un des fondements de la théorie de la motivation.
2. Le moteur de la faim (ou tout autre moteur physiologique) a été réfuté comme point central ou modèle d'une théorie définitive de la motivation. Il a en effet été montré que tout moteur possédant un fondement somatique et pouvant être localisé au niveau somatique était atypique plutôt que typique dans la motivation humaine.
3. Une théorie globale et définitive de la motivation doit insister et être centrée sur les buts suprêmes ou fondamentaux et non sur des buts partiels ou superficiels, sur les fins plutôt que sur les moyens d'atteindre ces fins. Cela implique d'accorder une place plus centrale aux motivations inconscientes qu'aux motivations conscientes.
4. Il existe en général une diversité de chemins culturels vers un même but. Dès lors, les désirs conscients, spécifiques, culturellement connotés ne sont pas aussi fondamentaux dans la théorie de la motivation que les buts plus élémentaires, inconscients.

UNE THÉORIE DE LA MOTIVATION

5. Tout comportement motivé, qu'il soit préparatoire ou d'assouvissement, doit être envisagé comme un canal par lequel plusieurs besoins fondamentaux peuvent être simultanément exprimés ou satisfaits. En général, une action a plus d'une motivation.
6. Pratiquement tous les états de l'organisme doivent être envisagés comme motivés et motivants.
7. Les besoins humains obéissent à des hiérarchies. C'est-à-dire que l'apparition d'un besoin dépend généralement de la satisfaction préalable d'un autre besoin, qui l'emporte sur le suivant. L'homme est un animal en état de désir permanent. Aucun besoin ou mobile ne peut être traité comme s'il était isolé ou discret ; tout mobile est lié à l'état de satisfaction ou d'insatisfaction des autres mobiles.
8. Des listes de besoins ne nous mèneraient nulle part pour diverses raisons théoriques et pratiques. Qui plus est, toute classification des motivations se heurte au problème des degrés de spécificité ou de généralisation des motifs à classer.
9. Les classifications des motivations doivent être basées sur les buts et non sur ce qui motive ou détermine le comportement.
10. La théorie de la motivation doit être centrée sur les hommes et non sur les animaux.
11. La situation ou le champ dans lequel l'organisme réagit doit être pris en compte, mais le champ seul suffit rarement à expliquer le comportement. Qui plus est, le champ lui-même doit être interprété relativement à l'organisme. La théorie du champ ne peut se substituer à la théorie de la motivation.

12. L'unité de l'organisme doit être prise en compte, mais aussi la possibilité de réactions isolées, spécifiques, partielles ou segmentaires. Ce qui nous conduit à ajouter l'affirmation ci-dessous.
13. Théorie de la motivation n'est pas synonyme de théorie du comportement. Les motivations ne sont qu'une catégorie de déterminants du comportement. Si le comportement est en effet presque toujours motivé, il est aussi presque toujours également déterminé biologiquement, culturellement et par le contexte.

Le présent article a pour ambition de formuler une théorie positive de la motivation qui satisfera ces exigences théoriques, tout en restant fidèle aux faits connus, cliniques et observés aussi bien qu'empiriques. Elle découle cependant le plus directement de l'expérience clinique. Cette théorie s'inscrit, je pense, dans la tradition fonctionnaliste de W. James et de J. Dewey ; elle vise aussi à intégrer le holisme de M. Wetheimer [19], de K. Goldstein [6] et de la psychologie de la *Gestalt*, et le dynamisme de Freud [4] et d'Adler [1]. Cette fusion ou synthèse peut être appelée de manière arbitraire théorie « dynamique générale ».

Il est beaucoup plus facile de percevoir et de critiquer certains aspects de la théorie de la motivation que de les corriger. Cela provient en grande partie d'un manque cruel de données solides dans ce domaine – manque dû principalement, à mon sens, à l'absence de théorie valide de la motivation. Les développements théoriques présentés ici doivent donc être considérés comme des pistes de réflexion pour des recherches futures ; leur éventuelle validation dépend moins des faits disponibles ou des preuves présentées que des recherches à venir, suggérées peut-être par les questions soulevées dans notre article.

UNE THÉORIE DE LA MOTIVATION

LES BESOINS FONDAMENTAUX

Les besoins « physiologiques »

Les théories de la motivation retiennent d'ordinaire comme point de départ les besoins que l'on dit physiologiques. Deux courants de recherche récents nous obligent à réviser nos notions habituelles sur ces besoins : le développement, d'une part, du concept d'homéostasie et, d'autre part, la découverte que les appétits (choix préférentiels parmi des aliments) constituent une bonne indication des besoins ou manques réels du corps.

L'homéostasie désigne les efforts automatiques de l'organisme pour maintenir un état constant, normal, du flux sanguin. W.B. Cannon [2] a décrit ce processus pour : 1. la teneur en eau du sang ; 2. sa teneur en sel ; 3. sa teneur en sucre ; 4. sa teneur en protéines ; 5. sa teneur en graisses ; 6. sa teneur en calcium ; 7. sa teneur en oxygène ; 8. le niveau constant hydrogène/ion (équilibre acidité-basicité) ; et 9. la température constante du sang. On peut ajouter à cette liste d'autres minéraux, les hormones, les vitamines, etc.

Dans un article récent, P.T. Young [21] a proposé une synthèse des travaux sur l'appétit dans sa relation avec les besoins du corps. Si le corps manque d'un certain élément chimique, l'individu tendra à développer un appétit spécifique ou faim partielle pour cet élément nutritif.

Ainsi apparaît-il tout aussi impossible qu'inutile d'établir une liste des besoins physiologiques fondamentaux puisqu'ils peuvent être aussi nombreux qu'on le souhaite, selon le degré de spécificité de la description. Nous ne pouvons qualifier tous les besoins physiologiques d'homéostatiques. Que le désir sexuel, l'envie de dormir, l'activité et le comportement maternel chez les animaux soient homéostatiques n'a pas encore été prouvé. Qui plus est, cette liste n'inclurait pas les divers plaisirs sensoriels (goûts, odeurs, picotements, coups) qui sont probablement physiologiques et qui peuvent devenir les buts du comportement motivé.

Dans un précédent article [13], j'ai souligné que ces mobiles ou besoins physiologiques doivent être considérés comme inhabituels plutôt que typiques parce qu'ils sont isolables et parce qu'on peut somatiquement les situer. C'est-à-dire que, premièrement, ils sont relativement indépendants les uns des autres, des autres motivations et de l'organisme en tant que tout, et que, deuxièmement, il est possible d'identifier une base somatique localisée, sous-jacente, au besoin. Si cette affirmation se vérifie moins souvent que l'on a d'abord pu le croire (la fatigue, l'envie de dormir, les réactions maternelles constituent des exceptions), cela reste vrai dans les circonstances classiques de faim, désir sexuel et soif.

Il faut insister à nouveau sur le fait que tout besoin physiologique et le comportement d'assouvissement qui lui est lié servent de canaux à toutes sortes d'autres besoins. Une personne qui pense qu'elle a faim peut en fait rechercher davantage du confort ou de la dépendance par exemple que des vitamines ou des protéines. Inversement, il est possible de satisfaire en partie le besoin de faim par d'autres activités, comme boire de l'eau ou fumer une cigarette. En d'autres termes, pour relativement isolables que soient ces besoins physiologiques, ils ne le sont pas totalement.

Il ne fait aucun doute que ces besoins physiologiques sont les plus prédominants de tous les besoins. Chez l'être humain le plus démuni, qui manque de tout, il est probable que ce sont les besoins physiologiques qui constitueront la motivation principale. Une personne qui manque de nourriture, de sécurité, d'amour et d'estime aura vraisemblablement davantage faim de nourriture que de quoi ce soit d'autre.

Si tous les besoins sont insatisfaits, et que l'organisme est alors dominé par les besoins physiologiques, on peut concevoir que tous les autres besoins deviennent tout simplement inexistants ou soient relégués au second plan. Il est alors juste de qualifier l'ensemble de l'organisme d'affamé, car la conscience est presque entièrement préemptée par la faim. Toutes les capacités sont mises au service de la satisfaction de la faim, et l'organisation de ces capacités est presque entièrement déterminée par le seul dessein de l'assouvir. Les récepteurs et les effecteurs, l'intelligence, la mémoire, les habitudes peuvent dès lors être définis comme de purs outils de satisfaction de la faim. Les capacités qui ne sont pas utiles à ce dessein sont en sommeil ou reléguées à l'arrière-plan. L'envie brûlante d'écrire des poèmes, le désir d'acquérir une voiture, l'intérêt pour l'histoire américaine, l'envie d'une nouvelle paire de chaussures, sont, à l'extrême, oubliés ou deviennent d'une importance secondaire. Pour l'homme qui a très faim et dont la vie est mise en danger par ce manque, seule la nourriture compte. Il rêve de manger, se souvient des repas qu'il a faits, a l'esprit occupé par la nourriture, ne parle que de nourriture, ne perçoit plus que la nourriture et ne veut rien que manger. Les déterminants plus subtils qui fusionnent en général avec les mobiles physiologiques jusque dans l'organisation de comportements comme manger, boire ou faire l'amour, se retrouvent alors tellement submergés que l'on est autorisé à parler dans ce cas-là (mais seulement dans ce cas-là) de mobile et de comportement exclusivement centrés sur la faim, dans le seul but inconditionnel de l'apaiser.

UNE THÉORIE DE LA MOTIVATION

Une autre caractéristique spécifique de l'organisme humain lorsqu'il est dominé par un besoin donné est que toute la philosophie de l'avenir de l'individu tend aussi à être modifiée. Pour notre homme chroniquement affamé, l'Utopie se définit très simplement comme un lieu regorgeant de nourriture. Il tend à penser que, pourvu qu'il ait l'assurance de manger à sa faim toute sa vie, il sera parfaitement heureux et ne voudra jamais rien d'autre. La vie elle-même ne se définit plus qu'à travers ce but unique qui est de manger. Tout le reste sera défini comme sans importance. La liberté, l'amour, le sentiment de communauté, le respect, la philosophie, pourront aussi bien être balayés d'un revers de la main comme des babioles inutiles puisqu'ils ne peuvent remplir l'estomac. On peut légitimement dire d'un tel homme qu'il ne vit que par le pain.

Une question se pose cependant, qui est celle de la généralité de ces états de l'organisme. Les conditions extrêmes, est-il besoin de le rappeler, sont rares dans une société en paix qui fonctionne normalement. Cette vérité, pourtant, est souvent occultée – pour deux raisons me semble-t-il. La première tient au fait que de nombreuses recherches sur la motivation ont été conduites sur des rats ; ceux-ci ayant peu de motivations en dehors des motivations physiologiques, on en a un peu vite conclu la même chose de l'homme. Ensuite, on oublie trop souvent que la culture elle-même est un outil d'adaptation, un outil dont la fonction principale est de réduire les occurrences d'urgences physiologiques. Dans la plupart des sociétés connues, la faim chronique extrême, la famine, est rare. C'est en tout cas toujours vrai aux États-Unis. Le citoyen américain moyen connaît l'appétit plutôt que la faim lorsqu'il dit : « J'ai faim. » C'est seulement par accident et un nombre limité de fois dans sa vie qu'il risquera de mourir de faim.

Le plus sûr moyen de dissimuler les motivations « supérieures », et d'obtenir une vision bancale des capacités humaines et de la nature humaine, est de mettre l'organisme en état de faim ou de soif chroniques. Se baser sur cette image extrême, totalement atypique, et mesurer tous les buts et désirs de l'homme à l'aune de son comportement durant une privation physiologique extrême, c'est s'interdire de voir beaucoup de choses. Il est vrai que l'homme ne vit que par le pain – quand il n'y a pas de pain. Mais qu'en est-il des désirs de l'homme lorsqu'il y a profusion de pain et lorsque sa panse est toujours pleine ?

Sur le champ, d'autres besoins (« supérieurs ») émergent et ce sont ces besoins, et non plus les besoins physiologiques, qui dominent l'organisme. Et lorsque ces besoins sont à leur tour satisfaits, d'autres besoins nouveaux (et « supérieurs ») émergent et ainsi de suite. C'est ce que nous désignons lorsque nous disons que les besoins humains fondamentaux sont organisés en une hiérarchie de prépondérance.

Une des implications de cette formulation est que la satisfaction devient un concept aussi important que la privation dans la théorie de la motivation puisqu'elle libère l'organisme de la domination d'un besoin comparativement plus physiologique, permettant par là même l'émergence d'autres buts plus sociaux. Lorsqu'ils sont chroniquement satisfaits, les besoins physiologiques, et leurs buts partiels, cessent d'exister comme déterminants ou organisateurs du comportement. Ils n'existent plus que comme potentialités en ce sens qu'ils peuvent se manifester à nouveau pour dominer l'organisme s'ils sont contrariés. Mais un désir qui est satisfait n'est plus un désir. L'organisme n'est dominé et son comportement n'est organisé que par les besoins insatisfaits. Si la faim est apaisée, elle devient sans importance dans la dynamique présente de l'individu.

Cette affirmation est d'une certaine manière étayée par une hypothèse sur laquelle nous reviendrons plus longuement, à savoir que ce sont précisément les individus chez qui un besoin donné a toujours été satisfait qui sont les mieux armés pour en tolérer la carence dans le futur ; et, qui plus est, les individus ayant connu des carences dans le passé réagiront différemment à la satisfaction actuelle de ces besoins que ceux qui n'ont jamais souffert de manque.

Les besoins de sécurité

Si les besoins physiologiques sont relativement satisfaits, alors émerge un nouvel ensemble de besoins, que l'on peut sommairement regrouper sous la catégorie des « besoins de sécurité ». Tout ce qui a été dit des besoins physiologiques est également vrai, bien qu'à un degré moindre, de ces envies. L'organisme peut tout aussi bien être sous leur emprise totale. Ils deviennent les organisateurs quasiment exclusifs du comportement, recrutant à leur service toutes les capacités de l'organisme, qui s'apparente alors à un mécanisme de recherche de sécurité. De même pouvons-nous dire des récepteurs, des effecteurs, de l'intelligence et des autres capacités qu'ils sont essentiellement des outils de quête de la sécurité. Tout comme dans le cas de l'homme affamé, nous observons que le but dominant est un déterminant fort non seulement de la vision et de la philosophie du monde actuelles de l'individu, mais aussi de sa philosophie de l'avenir. Tout, ou presque, semble moins important que la sécurité (et jusqu'aux besoins physiologiques, parfois, qui étant assouvis sont à présent sous-estimés). Un homme dans cet état, s'il est suffisamment extrême et chronique, peut être caractérisé comme ne vivant que pour la sécurité.

Bien que dans cet article nous nous intéressions essentiellement aux besoins de l'adulte, l'observation de nourrissons et d'enfants, chez qui ces besoins sont beaucoup plus simples et manifestes, peut être un moyen plus efficace d'en comprendre la nature véritable. En effet, les jeunes enfants n'inhibent absolument pas leurs réactions face à la menace ou au danger alors que notre société impose aux adultes de les refouler à tout prix. Dès lors, même lorsque des adultes ont le sentiment que leur sécurité est menacée, nous ne le percevons pas nécessairement. Les enfants, eux, réagiront sans retenue et comme s'ils étaient en situation de danger lorsqu'on les dérange ou qu'on les laisse tomber brutalement, lorsqu'ils sont surpris par des bruits forts, des lumières étincelantes ou toute autre stimulation sensorielle inhabituelle, lorsqu'on les malmène, qu'on les éloigne des bras de la mère ou qu'on les tient mal. [1]

Chez les enfants, nous pouvons également observer une réaction beaucoup plus directe aux maladies et aux maux physiques. Parfois, ces maladies semblent, en tant que telles, être perçues comme une menace directe et plongent l'enfant dans un sentiment d'insécurité. Des douleurs aiguës comme des vomissements ou la colique semblent amener l'enfant à regarder le monde dans son ensemble d'une manière différente. On peut avancer que, dans de tels moments de douleur, aux yeux de l'enfant, le monde passe brutalement du soleil à la nuit, pour ainsi dire, et devient un endroit où n'importe quoi peut se produire, où ce qui était stable ne l'est plus. Ainsi, un enfant qui tombe malade parce qu'il a mangé quelque chose qui ne lui convient pas pourra, pendant un jour ou deux, être sujet à la peur, à des cauchemars et à un besoin de protection et de réconfort qu'on ne lui avait jamais connus avant sa maladie.

Une autre indication du besoin de sécurité de l'enfant est sa préférence pour les routines et les rythmes réguliers. Il donne l'impression d'avoir envie d'un monde prévisible, ordonné. L'injustice, l'inconsistance des comportements des parents, par exemple, semblent provoquer chez l'enfant angoisse et inquiétude. Cette attitude ne tient peut-être pas à l'injustice en tant que telle ni aux éventuelles douleurs ainsi occasionnées, mais bien plutôt au fait que ce traitement tend à faire paraître le monde comme non fiable, dangereux ou imprévisible. Il semblerait que les jeunes enfants se développent mieux dans un système possédant une certaine rigidité, un programme, des routines, quelque chose sur lequel ils puissent compter, non seulement pour le présent mais aussi pour l'avenir. Une manière de formuler plus justement les choses serait de dire que l'enfant a besoin d'un monde organisé plutôt que d'un monde inorganisé ou non structuré.

Le rôle central des parents et de l'organisation normale de la famille est indiscutable. Les querelles, les agressions physiques, la séparation, le divorce ou les décès au sein de la cellule familiale peuvent être particulièrement terrifiants. De même, les accès de colère ou les menaces de punition des parents à l'encontre de l'enfant, le gronder, lui parler durement, le secouer, le traiter sans ménagement ou la punition physique réelle provoquent parfois une panique et une terreur telles chez l'enfant que nous devons supposer que la douleur physique n'est pas seule en cause. Si cette terreur peut aussi renvoyer chez certains enfants à la peur de perdre l'amour parental, on l'observe également chez des enfants totalement rejetés qui semblent se cramponner à leurs parents qui ne les aiment pas davantage par besoin de sécurité et de protection que dans l'espoir de recueillir leur amour.

UNE THÉORIE DE LA MOTIVATION

Exposer l'enfant moyen à des stimuli ou à des situations nouveaux, inconnus, étranges, difficiles à gérer, est également très souvent à l'origine des réactions de danger ou de terreur : se perdre ou même être séparé des parents pendant un court moment, être mis en présence de nouveaux visages, de nouvelles situations ou de nouvelles tâches, la vue d'objets étranges, non familiers ou incontrôlables, par exemple. Dans de tels moments en particulier, le fait que l'enfant se cramponne désespérément à ses parents témoigne de manière éloquente de leur rôle de protecteurs (indépendamment de leur rôle de pourvoyeurs de nourriture et d'amour).

Comme le suggèrent ces observations et d'autres similaires, l'enfant moyen dans notre société préfère en règle générale un monde sûr, ordonné, prévisible, organisé, sur lequel il peut compter et où il ne se passe pas de choses inattendues, inconnues ou tout autre événement dangereux, et où, dans tous les cas, il est doté de parents tout puissants qui le protègent.

Que ces réactions puissent être aussi facilement observées chez les enfants témoigne d'une certaine manière que l'enfant dans notre société ne se sent pas en sécurité (ou, en un mot, qu'il est mal élevé). Les enfants qui grandissent dans des familles aimantes et sécurisantes ne réagissent pas d'ordinaire comme nous venons de le décrire [17]. Chez ces enfants, les réactions de danger surviennent principalement face à des objets ou des situations que les adultes aussi considèreraient comme dangereux. [2]

Dans notre culture, l'adulte sain, normal, heureux est largement satisfait dans ses besoins de sécurité. La « bonne » société, pacifique, harmonieuse permet en général à ses membres de se sentir suffisamment à l'abri des bêtes sauvages, des températures extrêmes, des criminels, de l'agression et du crime, de la tyrannie, etc. Dès lors, l'individu n'a plus, dans un sens très concret, de besoins de sécurité comme motivations actives. De la même manière qu'un homme rassasié ne ressent plus la faim, un homme en sécurité ne se sent plus en danger. Si nous souhaitons observer ces besoins directement et nettement, nous devons nous tourner vers des individus névrosés ou proches de la névrose et vers les laissés-pour-compte de la société. En dehors de ces extrêmes, nous ne pouvons percevoir d'expressions des besoins de sécurité que dans des phénomènes tels que, par exemple, la préférence ordinaire pour un emploi stable et protégé, le désir d'épargner et de s'assurer (assurances médicale, dentaire, chômage, incapacité, vieillesse).

D'autres aspects plus généraux des efforts de l'individu pour trouver sécurité et stabilité dans le monde s'observent dans le goût du plus grand nombre pour les choses familières, pour le connu plutôt que pour l'inconnu. La tendance à avoir une religion ou une philosophie du monde qui organise l'univers et les hommes en son sein en un tout cohérent, porteur de sens, est aussi en partie motivée par cette quête de sécurité. De même pourrions-nous répertorier ici la science et la philosophie comme partiellement motivées par les besoins de sécurité (nous verrons plus loin qu'il y a aussi d'autres motivations au fait scientifique, philosophique ou religieux).

Autrement, c'est uniquement dans des situations d'urgence que le besoin de sécurité est considéré comme un mobilisateur actif et dominant des ressources de l'organisme – guerres, épidémies, catastrophes naturelles, vagues de crimes, désorganisation de la société, névroses, lésions cérébrales, situations chroniquement mauvaises.

Dans nos sociétés, certains adultes névrosés sont, sous de nombreux aspects, pareils à l'enfant inquiet dans leur désir de sécurité, bien que cela prenne chez eux une forme un peu particulière. Leur comportement tient souvent de la réaction à des dangers inconnus, psychologiques, dans un monde qui est perçu comme hostile, envahissant et menaçant. Ils se comportent comme si une grande catastrophe était presque toujours imminente : ils répondent en général comme ils répondraient à une situation d'urgence. Leurs besoins de sécurité trouvent souvent une expression spécifique dans la quête d'un protecteur, d'une personne plus forte dont ils pourraient dépendre ou, peut-être, d'un Führer.

L'individu névrotique peut aussi être décrit comme un individu adulte qui a conservé ses attitudes enfantines à l'égard du monde. Un adulte névrotique se comporte « comme si » il avait réellement peur de recevoir une fessée, de se faire gronder par sa mère, d'être abandonné par ses parents ou d'être privé de nourriture. Comme si ses réactions enfantines de peur et de menace face à un monde dangereux étaient devenues souterraines, imperméables aux processus de formation de l'âge adulte et d'apprentissage, et se trouvaient prêtes à être rappelées par tout stimulus qu'un enfant percevrait comme menaçant et dangereux. [3]

La névrose dans laquelle la quête de sécurité prend sa forme la plus extrême est la névrose obsessionnelle-compulsive. Les individus qui en sont atteint essayent désespérément d'ordonner et de stabiliser le monde de sorte qu'aucun danger difficile à gérer, inattendu ou inconnu puisse jamais survenir [14]. Ils se protègent avec toutes sortes de rituels, de règles et de formules pour ne rien laisser au hasard et rendre impossible l'apparition de contingences nouvelles. Ils présentent de nombreuses similitudes avec les traumatisés crâniens décrits par K. Goldstein [6] qui réussissent à maintenir leur équilibre en évitant tout ce qui est non familier et étrange, et en ordonnant leur monde restreint d'une manière nette et disciplinée de sorte que rien ne vienne les surprendre. Ils essayent d'ordonner le monde de façon à ce que tout événement imprévisible (des dangers) soit impossible. Si, malgré eux, quelque chose d'imprévu survient, ils entrent dans une réaction de panique comme si cette occurrence inattendue constituait un danger. Ce que nous pouvons considérer comme une préférence anodine chez l'individu sain, la préférence pour le connu, devient une nécessité de vie ou de mort dans les cas pathologiques.

Les besoins d'amour

Si les besoins physiologiques et les besoins de sécurité sont relativement bien satisfaits, alors émergent les besoins d'amour, d'affection et d'appartenance ; et le cycle déjà décrit se répète avec ce nouveau pivot. À présent, l'individu ressent vivement, comme jamais auparavant, l'absence d'amis, de fiancé(e), d'époux, d'enfants. Il a soif de relations affectueuses avec les gens en général, autrement dit d'une place au sein de son groupe, et il luttera de toutes ses forces pour atteindre ce but. Il voudra obtenir cette place plus que tout au monde et pourra même oublier qu'autrefois, quand il avait faim, il dénigrait l'amour.

Dans notre société, des besoins d'amour frustrés constituent le noyau le plus fréquemment observé dans les cas d'inadaptation et les psychopathologies plus graves. L'amour et l'affection, ainsi que leur expression éventuelle à travers la sexualité, sont généralement considérés avec ambivalence et sont le plus souvent entourés de multiples restrictions et inhibitions. Pour pratiquement tous les théoriciens de la psychopathologie, la frustration des besoins d'amour est à la base de la description de l'inadaptation. Ce besoin a fait l'objet de nombreuses études cliniques et c'est sans doute celui que nous connaissons le mieux en dehors des besoins physiologiques [14].

Il importe de souligner à ce stade que l'amour n'est pas synonyme de sexualité. La sexualité peut être étudiée comme un besoin purement physiologique. D'ordinaire, le comportement sexuel est multidéterminé, c'est-à-dire qu'il est aussi déterminé par d'autres besoins que le besoin sexuel, au premier rang desquels les besoins d'amour et d'affection. Ne négligeons pas non plus le fait que les besoins d'amour impliquent à la fois de donner et de recevoir de l'amour. [4]

Les besoins d'estime

Tous les individus dans notre société (à quelques exceptions pathologiques près) ont un besoin ou désir d'évaluation élevée (en général), stable et fondée, d'eux-mêmes, un besoin de respect de soi, ou d'estime de soi, et de l'estime des autres. Par estime de soi « fondée », nous voulons dire reposant sur les compétences réelles, la performance et le respect des autres. Ces besoins peuvent être classés en deux sous-ensembles. Il y a, tout d'abord, le désir de puissance, de performance, d'adéquation, de confiance au regard du monde, et d'indépendance et de liberté. [5] Ensuite, nous trouvons ce que nous pouvons appeler le désir de réputation ou prestige (défini comme le respect ou l'estime des autres), de reconnaissance, d'attention, d'importance ou d'appréciation. [6] Ces besoins ont été mis en avant par Alfred Adler et ses disciples et ont été relativement négligés par Freud et les psychanalystes. Toutefois, on leur reconnaît de plus en plus aujourd'hui une importance centrale.

La satisfaction du besoin d'estime de soi conduit à des sentiments de confiance en soi, de valeur, de force, de compétence, de capacité, et d'être utile et nécessaire dans le monde. Mais la frustration de ces besoins génère des sentiments d'infériorité, de faiblesse et d'impuissance. Ces sentiments entraînent à leur tour soit un découragement soit des tendances compensatoires ou névrotiques. L'étude des névroses traumatiques graves nous enseigne clairement à quel point un minium de confiance en soi est nécessaire et combien démunis face au monde sont les individus qui en sont privés [8]. [7]

Le besoin d'accomplissement de soi

Même si tous ces besoins sont satisfaits, nous pouvons néanmoins nous attendre souvent (sinon toujours) à ce qu'un nouveau mécontentement et une nouvelle impatience se développent bientôt, sauf si l'individu fait ce pour quoi il est compétent, doué. Un musicien doit faire de la musique, un artiste doit peindre, un poète doit écrire, s'il veut trouver le bonheur. Un homme doit être ce qu'il peut être. Ce besoin, nous lui donnons le nom d'accomplissement de soi.

Cette expression, que l'on doit à K. Goldstein, est cependant utilisée dans cet article dans un sens beaucoup plus spécifique et limité. Elle renvoie au désir de réalisation de soi, c'est-à-dire la tendance de l'individu à devenir actualisé dans ce qu'il est. Cette tendance peut être formulée comme le désir de devenir de plus en plus ce que l'on est, de devenir tout ce que l'on est capable d'être.

La forme que prendront ces besoins variera considérablement d'une personne à l'autre. Chez l'une, ce sera le désir d'être une mère idéale, chez l'autre l'exercice de ses capacités athlétiques, chez un autre encore la peinture ou les inventions. Ce n'est pas nécessairement une impulsion créatrice même si c'est la forme que cela prendra chez les individus doués de capacités de création.

L'émergence nette de ces besoins dépend de la satisfaction préalable des besoins physiologiques, de sécurité, d'amour et d'estime. Nous pouvons dire des individus dont ces besoins sont satisfaits que ce sont des individus foncièrement satisfaits, et c'est d'eux que nous sommes en droit d'attendre la créativité la plus riche (et la plus saine).[8] Dans la mesure où, dans notre société, les individus foncièrement satisfaits sont l'exception, nous ne savons que peu de choses de l'accomplissement de soi, tant au niveau expérimental qu'au niveau clinique. Cela demeure un défi pour les chercheurs.

Conditions préalables à la satisfaction des besoins fondamentaux

Certaines conditions sont des préalables immédiats à la satisfaction des besoins fondamentaux. L'individu réagit à toute mise en péril de ces conditions presque comme si c'étaient les besoins élémentaires eux-mêmes qui étaient directement menacés. La liberté de parole, la liberté de faire ce que l'on a envie de faire aussi longtemps que l'on ne porte pas atteinte aux autres, la liberté d'expression, la liberté d'enquêter et de chercher des informations, la liberté de se défendre, la justice, l'équité, l'honnêteté, la discipline dans le groupe en sont quelques exemples. Toute privation de ces libertés suscitera une réponse de menace ou d'urgence. Ces conditions ne sont pas des fins en elles-mêmes mais elles le sont presque parce qu'elles sont étroitement liées aux besoins fondamentaux, besoins qui, selon toute vraisemblance, sont les seuls à constituer des fins en eux-mêmes. Ces conditions sont défendues parce que sans elles la satisfaction des besoins fondamentaux est sinon impossible, du moins gravement menacée.

Si nous nous souvenons que les capacités cognitives (perceptuelles, intellectuelles et d'apprentissage) sont un ensemble d'outils d'ajustement, qui ont, entre autres fonctions, celle de satisfaire nos besoins fondamentaux, alors il est clair que toute menace, toute privation ou entrave à leur libre utilisation doivent aussi être indirectement menaçantes pour les besoins eux-mêmes. Cette affirmation apporte un embryon de solution au problème plus général de la curiosité, de la quête du savoir, de la vérité et de la sagesse, et du désir jamais assouvi de résoudre les mystères de l'univers.

Nous devons par conséquent introduire une nouvelle hypothèse et parler de degrés de proximité avec les besoins fondamentaux, car nous avons déjà souligné que les désirs conscients (les buts partiels) sont plus ou moins importants selon qu'ils sont plus ou moins proches des besoins fondamentaux. On peut dire la même chose de divers actes de comportement. Un acte est psychologiquement important s'il contribue directement à la satisfaction des besoins élémentaires. Moins directement il y contribue, ou plus sa contribution est faible, moins cet acte doit être conçu comme important du point de vue de la psychologie dynamique. De même des divers mécanismes de défense ou d'adaptation. Certains sont très directement reliés à la protection ou à l'assouvissement des besoins fondamentaux, d'autres ne le sont que de manière plus faible et lointaine. Et même, si nous le souhaitions, nous pourrions appliquer cette distinction aux mécanismes de défense pour dire que la mise en danger des mécanismes de défense plus fondamentaux est plus menaçante que la mise en danger des défenses moins élémentaires (il importe de garder présent à l'esprit qu'il en est ainsi uniquement à cause de leur relation avec les besoins fondamentaux).

Le désir de savoir et de comprendre

Jusqu'à présent, nous n'avons fait qu'évoquer les besoins cognitifs. Nous avons considéré l'acquisition de connaissances et la compréhension de l'univers comme système en partie comme des techniques visant à satisfaire le besoin fondamental de sécurité dans le monde ou, pour l'homme intelligent, comme des expressions de l'accomplissement de soi. La liberté d'investiguer et la liberté d'expression ont également été présentées comme des conditions préalables nécessaires à la satisfaction des besoins élémentaires. Aussi pertinentes ces formulations soient-elles, elles ne constituent pas des réponses définitives à la question du rôle motivationnel de la curiosité, de l'apprentissage, de l'exercice de la philosophie, de l'expérimentation, etc. Elles ne sont, au mieux, que des réponses partielles.

Cette question est d'autant plus difficile que nous savons si peu de choses des faits. La curiosité, l'exploration, le désir de faits, le désir de connaître peuvent certainement être observés relativement facilement. Le fait que ces buts soient parfois poursuivis au prix de la sécurité de l'individu dit assez la dimension partielle de notre précédente discussion. En outre, l'auteur doit admettre ici que, bien qu'il dispose de suffisamment de preuves cliniques pour postuler que le désir de connaître est un moteur puissant chez les individus intelligents, aucune donnée n'est en revanche disponible pour les personnes manquant d'intelligence. Dès lors, il pourrait fort bien s'agir pour une large part d'une fonction de l'intelligence relativement élevée. Provisoirement, et largement dans l'espoir de stimuler la discussion et la recherche, nous pourrions postuler un désir fondamental de savoir, d'être conscient de la réalité, de réunir les faits, de satisfaire la curiosité, ou comme l'exprime M. Wertheimer, de voir plutôt que d'être aveugle.

UNE THÉORIE DE LA MOTIVATION

Ce postulat, cependant, n'est pas suffisant. Même quand nous savons, nous sommes poussés, d'un côté, à connaître avec toujours plus de précision et de manière toujours plus approfondie et, de l'autre, à étendre toujours plus notre savoir vers une philosophie, une religion du monde, etc. Les faits que nous acquérons, s'ils sont isolés ou atomisés, donnent inévitablement lieu à des tentatives de théorisation et sont analysés ou organisés ou les deux. Ce processus a pu être qualifié par certains de quête de « sens ». Nous pouvons alors postuler l'existence d'un désir de comprendre, de systématiser, d'organiser, d'analyser, de chercher des relations entre les choses et du sens.

Une fois ces désirs admis au débat, nous constatons qu'eux aussi s'organisent en une petite hiérarchie dans laquelle le désir de connaître précède, prédomine, le désir de comprendre. Toutes les caractéristiques de la hiérarchie de prépondérance que nous avons décrites ci-dessus semblent s'appliquer ici aussi.

Nous devons nous garder de tomber dans le piège facile de séparer ces désirs des besoins fondamentaux que nous avons abordés plus haut, c'est-à-dire d'établir une stricte dichotomie entre les besoins « cognitifs » et les besoins « conatifs ». Le désir de connaître et le désir de comprendre sont eux-mêmes conatifs en ce sens qu'ils ont un caractère impératif, et sont autant des besoins de la personnalité que les « besoins fondamentaux » déjà mentionnés [19].

UNE THÉORIE DE LA MOTIVATION

Autres caractéristiques des besoins fondamentaux

Le degré de fixité de la hiérarchie des besoins fondamentaux

Nous nous sommes jusqu'à présent exprimé comme si cette hiérarchie répondait à un ordre fixe mais, en fait, elle est bien loin d'être aussi rigide que nous avons pu le laisser entendre. Il est vrai que la plupart des individus avec lesquels nous avons travaillé semblent avoir ces besoins fondamentaux plus ou moins dans l'ordre qui a été indiqué. Cependant, nous avons pu observer un certain nombre d'exceptions.

1. Chez certaines personnes, l'estime de soi, par exemple, semble être plus importante que l'amour. Cette inversion très courante de la hiérarchie semble essentiellement due à la formation chez l'individu d'une image « idéale » de la personne qui est la plus susceptible d'être aimée : une personne forte ou puissante, qui inspire le respect ou la peur, et qui est sûre d'elle ou énergique. Par conséquent, ces individus qui manquent d'amour et le recherchent peuvent s'efforcer d'afficher un comportement confiant, énergique. Mais fondamentalement, ils recherchent l'estime de soi et les manifestations comportementales correspondantes davantage comme un moyen au service d'une fin que comme une fin en eux-mêmes ; ils recherchent l'affirmation de soi au nom de l'amour plutôt qu'au nom de l'estime de soi.

2. Chez d'autres individus, doués de capacités de création innées, le mobile de la créativité semble plus important que tout autre contre-déterminant. Leur créativité appa-

raît ainsi comme un accomplissement de soi libéré non pas par la satisfaction des besoins fondamentaux, mais en dépit du manque de satisfaction de ces besoins.

3. Chez certaines personnes, le niveau d'aspiration peut être en permanence éteint ou réduit. C'est-à-dire que les besoins les moins dominants sont tout simplement perdus, et peuvent disparaître pour toujours, de sorte qu'une personne qui a connu une vie médiocre, un chômage chronique par exemple, pourra se satisfaire pour le reste de ses jours d'avoir suffisamment à manger.

4. La personnalité « psychopathe » est un autre exemple de perte permanente des besoins d'amour. Il s'agit là d'individus, selon les meilleures données disponibles [9], qui ont été privés d'amour dans les premiers mois de leur vie et ont tout bonnement perdu pour toujours le désir et la capacité de donner et de recevoir de l'affection (de même que les animaux perdent les réflexes de succion ou de bécotage qui ne sont pas exercés suffisamment tôt après la naissance).

5. Un autre cas d'inversion de la hiérarchie intervient lorsqu'un besoin ayant été satisfait pendant longtemps, il peut être sous-évalué. Les individus qui n'ont jamais connu la famine ou la faim chronique ont tendance à sous-estimer ses effets et à considérer la nourriture comme une chose relativement peu importante. S'ils sont dominés par un besoin supérieur, ce besoin supérieur leur semblera plus important que tous les autres. Il devient alors possible, et cela arrive dans la réalité, que, au nom de ce besoin supérieur, ils se mettent dans la position d'être privé d'un besoin plus élémentaire. Nous pouvons nous attendre à ce que, après une longue privation du

besoin le plus élémentaire, l'individu ait tendance à réévaluer les deux besoins de sorte que le besoin élémentaire deviendra de fait consciemment prédominant pour l'individu qui l'aura peut-être abandonné à la légère. Ainsi, un homme qui aura choisi de quitter son emploi plutôt que de perdre son estime de soi, et qui meurt ensuite de faim pendant six mois, sera peut-être prêt à reprendre son emploi même s'il doit y perdre son estime de soi.

6. Une autre explication des inversions *apparentes* de la hiérarchie tient au fait que nous avons parlé de la hiérarchie de prépondérance en termes de souhaits ou d'envies consciemment ressentis et non en termes de comportement. Observer le comportement lui-même peut nous donner une impression fausse. Ce que nous avons affirmé, c'est que lorsqu'un individu est frustré de deux besoins, c'est le plus fondamental des deux qu'il a envie de satisfaire. Ce qui n'implique nullement qu'il agira en fonction de ses désirs. Soulignons une nouvelle fois ici qu'il existe de nombreux déterminants du comportement autres que les besoins et les envies.

7. Plus importantes peut-être que toutes ces exceptions sont celles qui renvoient à des idéaux, des normes sociales élevées, des valeurs supérieures, et ainsi de suite. Avec de telles valeurs, les individus deviennent des martyrs ; ils renoncent à tout au nom d'un idéal particulier ou d'une valeur. Ces individus peuvent être compris, au moins en partie, en référence à un concept (ou hypothèse) fondamental, celui de « tolérance accrue à la frustration par satisfaction précoce ». Les individus dont les besoins fondamentaux ont été satisfaits toute leur vie, et en particu-

lier dans leur enfance, semblent développer une capacité exceptionnelle à résister à la frustration présente ou future de ces besoins simplement parce qu'ils sont dotés d'une structure de caractère solide, saine, du fait de cette satisfaction fondamentale. Ils sont les individus « forts » qui affrontent facilement le désaccord ou l'opposition, qui peuvent aller contre le courant de l'opinion publique et qui peuvent s'engager au nom de la vérité quel qu'en soit le prix. Ce sont ceux précisément qui ont aimé et ont été aimés, et qui ont connu de nombreuses amitiés profondes, qui peuvent résister à la haine, à l'exclusion ou à la persécution.

Cela étant, aucune discussion complète sur la tolérance à la frustration ne peut passer sous silence la notion de pure habituation. Par exemple, il est probable que les personnes qui ont été habituées à une relative abstinence alimentaire pendant longtemps sont par là même partiellement capables de supporter la privation de nourriture. Quel type d'équilibre doit être trouvé entre ces deux tendances, l'habituation d'une part, et la tolérance à la frustration présente issue d'une satisfaction antérieure d'autre part, est un sujet qui reste à explorer par les chercheurs. Pour l'instant, nous pouvons supposer qu'elles sont toutes deux opérationnelles, côte à côte, puisqu'elles ne se contredisent pas. Compte tenu de ce phénomène de tolérance accrue à la frustration, il semble probable que les satisfactions les plus importantes surviennent au cours des deux premières années de la vie. C'est-à-dire que les individus qui ont été rendus tranquilles et forts au cours de leur prime enfance, tendent à le demeurer par la suite face à toute menace.

Degré de satisfaction relative

Jusqu'ici, notre discussion théorique a pu donner l'impression que ces cinq ensembles de besoins sont d'une certaine manière dans une relation séquentielle, de « tout ou rien », les uns avec les autres. Nous avons laissé entendre que « si un besoin est satisfait, alors un autre émerge ». Cette affirmation peut donner l'impression erronée qu'un besoin doit être satisfait à 100 % avant que le besoin suivant émerge. Dans la réalité, la plupart des individus normaux dans notre société sont en même temps partiellement satisfaits dans tous leurs besoins fondamentaux et partiellement insatisfaits dans tous leurs besoins fondamentaux. Une description plus réaliste de la hiérarchie serait en termes de pourcentages décroissants de satisfaction à mesure que nous montons dans la hiérarchie de prépondérance. Par exemple, et en assignant des valeurs arbitraires pour les besoins de la démonstration, c'est comme si le citoyen moyen était satisfait, disons, à 85 % dans ses besoins physiologiques, 70 % dans ses besoins de sécurité, 50 % dans ses besoins d'amour, 40 % dans ses besoins d'estime de soi et 10 % dans ses besoins d'accomplissement de soi.

Quant au concept d'apparition d'un nouveau besoin après la satisfaction du besoin prédominant, il ne désigne pas un phénomène soudain, brutal, mais bien plutôt une émergence progressive par lents degrés à partir de rien. Par exemple, si le besoin prédominant A est satisfait à 10 % seulement, alors le besoin B n'est peut-être pas du tout visible. Cependant, lorsque le besoin A devient satisfait à 25 %, alors le besoin B peut émerger de 5 % ; lorsque le besoin A devient satisfait à 75 %, alors le besoin B peut émerger de x %, et ainsi de suite.

Caractère inconscient des besoins

Ces besoins ne sont ni forcément inconscients ni forcément conscients. Globalement, toutefois, chez l'individu moyen, ils sont plus souvent inconscients que conscients. Il n'est pas nécessaire ici de revenir sur la masse considérable de preuves qui indiquent l'importance cruciale de la motivation inconsciente. On peut considérer, sur la base d'*a priori*, que les motivations inconscientes sont au total beaucoup plus importantes que les motivations conscientes. Ce que nous avons appelé les besoins fondamentaux sont très souvent largement inconscients, bien qu'ils puissent, avec des techniques adaptées et des sujets avertis, devenir conscients.

Généralité et spécificité culturelle des besoins

Notre classification des besoins fondamentaux s'efforce de prendre en compte leur relative unité derrière les différences superficielles des désirs d'une culture à l'autre. Clairement, le contenu motivationnel conscient d'un individu appartenant à une culture donnée sera en général extrêmement différent du contenu motivationnel conscient d'un individu d'une autre culture. Cependant, les anthropologues ont pu constater que les êtres humains, même dans des sociétés différentes, se ressemblent beaucoup plus que ne pourrait le laisser croire notre première impression et que, à mesure que nous apprenons à mieux les connaître, ces caractères communs se dévoilent. Dès lors, nous percevons que les différences les plus frappantes sont plus superficielles que fondamentales, différences, par exemple, dans le style de coiffure, les vêtements, les goûts alimentaires, etc. Notre classification des besoins fondamentaux répond en partie à la volonté de prendre en compte cette unité derrière la diversité apparente des cultures. Loin de nous l'idée d'affirmer qu'elle est suprême ou universelle pour toutes les cultures. Ce que nous affirmons, c'est qu'elle est relativement plus suprême, plus universelle, plus fondamentale que les désirs conscients superficiels qui se manifestent d'une culture à l'autre, et permet d'approcher de plus près les caractéristiques communes aux êtres humains. Les besoins fondamentaux sont plus communs aux être humains que les désirs ou comportements superficiels.

Motivations multiples du comportement

Ces besoins doivent être compris comme n'étant pas des déterminants exclusifs ou uniques de certains types de comportements. Un exemple peut en être trouvé dans tout comportement qui semble être physiologiquement motivé – manger, faire l'amour, par exemple. Les psychologues cliniques ont découvert depuis longtemps que tout comportement peut être un canal par lequel circulent divers déterminants. Ou, pour dire les choses autrement, la plupart des comportements sont multimotivés. Pour ce qui est des déterminants de la motivation, tout comportement tend à être déterminé par plusieurs ou tous les besoins fondamentaux simultanément plutôt que par l'un d'entre eux seulement. Ce dernier cas de figure constitue une exception. On peut manger en partie pour se remplir l'estomac et en partie au nom du confort ou de l'assouvissement d'autres besoins. On peut faire l'amour par pur besoin sexuel mais aussi pour se prouver sa virilité, pour faire une conquête, pour se sentir fort ou pour gagner une affection plus fondamentale. À titre d'illustration, je dirai qu'il serait possible (au moins théoriquement) d'analyser un acte donné d'un individu et d'y voir l'expression de ses besoins physiologiques, de ses besoins de sécurité, de ses besoins d'amour, de ses besoins d'estime et de l'accomplissement de soi. Voilà qui contraste singulièrement avec l'étendard plus naïf de la psychologie des traits de caractère qui considère qu'un trait ou une motivation rend compte d'un certain type d'acte, par exemple qu'un acte agressif se rattache uniquement à un trait d'agressivité.

Déterminants multiples du comportement

Tous les comportements ne sont pas déterminés par les besoins fondamentaux. On peut même affirmer que les comportements ne sont pas tous motivés. Il existe beaucoup d'autres déterminants du comportement que les motivations.[9] Ainsi de cette autre catégorie importante que l'on appelle les déterminants « contextuels » ou du champ. Théoriquement au moins, le comportement peut être entièrement déterminé par le champ ou même par des stimuli extérieurs isolés spécifiques, comme dans les associations d'idées ou certains réflexes conditionnés. Si en réponse au mot stimulus « table », je perçois instantanément une image mnésique d'une table, cette réponse n'a clairement rien à voir avec mes besoins fondamentaux.

Deuxièmement, il est loisible d'attirer une nouvelle fois l'attention sur le concept de « degré de proximité avec les besoins fondamentaux », ou « degré de motivation ». Certains comportements sont fortement motivés, d'autres le sont faiblement. D'autres encore ne sont pas motivés du tout (mais tout comportement est déterminé).

Un autre point important[10] est qu'il existe une différence fondamentale entre les comportements « d'expression » et les comportements « d'adaptation » (lutte fonctionnelle, recherche délibérée de but). Un comportement expressif n'essaye pas de faire quoi que ce soit ; il est simplement un reflet de la personnalité. Un homme bête se comporte bêtement, pas parce qu'il le veut ou qu'il essaye ou qu'il est motivé pour, mais simplement parce qu'il est ce qu'il est. De même si je parle d'une voix de basse et non de ténor ou de soprano. Les mouvements aléatoires d'un enfant en bonne santé, le sourire sur le visage de l'homme heureux même lorsqu'il est seul, l'élasticité de la démarche de l'homme en bonne santé et la droiture de son port sont d'autres exemples de comportements d'expression, non fonctionnels. De même, le style qui marque tous les comportements ou presque d'un individu, motivés aussi bien que non motivés, relève lui aussi souvent de l'expression.

Nous pouvons alors nous demander si tout comportement est le reflet, l'expression de la structure du caractère ? La réponse est « non ». Les comportements routiniers, habituels, automatiques ou conventionnels peuvent être expressifs ou non. La même chose est vraie de la plupart des comportements « liés à des stimuli ». Il faut enfin souligner que l'expressivité du comportement et l'intentionnalité du comportement (orienté vers un but) ne sont pas des catégories mutuellement exclusives. Le comportement moyen comporte en général les deux dimensions.

Les buts comme principe central de la théorie de la motivation

On observera que le principe premier de notre classification n'est ni l'instigation ni le comportement motivé mais plutôt les fonctions, effets, desseins ou buts du comportement. Il a été suffisamment prouvé par différents chercheurs que c'est là le point central le plus pertinent pour l'élaboration d'une théorie de la motivation. [11]

L'animal ou l'être humain comme point de référence

Cette théorie se fonde sur l'être humain et non sur un quelconque animal inférieur et supposé « plus simple ». Trop des découvertes qui ont été faites sur les animaux se sont révélées justes pour les animaux mais pas pour l'être humain. Absolument rien ne justifie que nous nous appuyions sur les animaux pour étudier la motivation chez l'homme. La logique, ou plutôt l'absence de logique, derrière l'idée fausse largement répandue de cette prétendue « simplicité » a été suffisamment exposée par les philosophes, les logiciens et les chercheurs des différentes disciplines. Il n'est pas plus nécessaire d'étudier les animaux avant d'étudier l'homme qu'il n'est nécessaire d'étudier les mathématiques pour étudier la géologie, la psychologie ou la biologie.

Nous pouvons tout de même rejeter le vieux béhaviorisme naïf qui considérait qu'il était d'une certaine manière nécessaire, ou à tout le moins plus « scientifique », de juger les êtres humains à l'aune de normes animales. Il en découlait que toute la notion de dessein ou de but était exclue de la psychologie de la motivation simplement parce qu'on ne peut pas interroger un rat blanc sur ses intentions. E.C. Tolman [18] a prouvé depuis longtemps que cette exclusion n'était pas nécessaire au sein même des études animales.

Motivation et théorie de la formation des psychopathologies

Nous avons jusqu'à présent considéré le contenu motivationnel conscient de la vie quotidienne comme relativement important ou sans importance selon qu'il est plus ou moins étroitement lié aux buts fondamentaux. L'envie d'un cornet de glace pourrait en fait être l'expression indirecte d'un désir d'amour. Si tel est le cas, alors cette envie d'une crème glacée devient une motivation extrêmement importante. Si, en revanche, la glace n'est rien d'autre qu'un moyen de se rafraîchir ou une réaction de simple gourmandise, alors le désir est relativement peu important. Toutes les envies quotidiennes conscientes doivent être considérées comme des symptômes, comme des indicateurs de surface de besoins plus fondamentaux. Si nous nous en tenions à ces désirs superficiels, nous nous retrouverions dans un état de totale confusion qui ne pourrait jamais être résolu puisque nous traiterions sérieusement les symptômes et non ce qu'ils dissimulent.

La non-satisfaction d'envies sans importance ne produit pas de résultats psychopathologiques ; la non-satisfaction d'un besoin fondamentalement important, si. Toute théorie de la formation des psychopathologies doit dès lors être fondée sur une théorie solide de la motivation. Un conflit ou une frustration ne sont pas nécessairement pathogènes. Ils le deviennent seulement lorsqu'ils mettent en danger ou frustrent les besoins fondamentaux, ou les besoins partiels qui leur sont étroitement liés [10].

Le rôle des besoins satisfaits

Nous avons souligné à plusieurs reprises dans le cours de cet article que nos besoins émergent en général seulement lorsque des besoins plus prépondérants ont été satisfaits. D'où il s'ensuit que la satisfaction joue un rôle important dans la théorie de la motivation. Cela étant, les besoins cessent de jouer un rôle déterminant ou organisateur actif aussitôt qu'ils sont satisfaits.

UNE THÉORIE DE LA MOTIVATION

Cela signifie par exemple qu'un individu dont les besoins fondamentaux sont satisfaits n'a plus les besoins d'estime, d'amour, de sécurité, etc. S'il les « éprouve », c'est au sens quasi métaphysique qu'un homme repus a faim ou qu'une bouteille remplie contient du vide. Si nous nous intéressons à ce qui nous motive réellement, et non à ce qui nous a motivé, nous motivera ou pourrait nous motiver, alors un besoin satisfait n'est pas un agent de motivation. Il doit être considéré pour toutes fins pratiques simplement comme non existant, comme ayant disparu. J'insiste particulièrement sur ce point car il a été négligé ou réfuté dans toutes les théories de la motivation que je connais.[12] L'homme parfaitement normal, heureux, en bonne santé, n'a pas de besoin sexuel, ni de faim, de sécurité, d'amour, de prestige ou d'estime de soi, sauf en de rares instants de menace passagère. Prétendre le contraire, ce serait être obligé d'affirmer aussi que tout individu a tous les réflexes pathologiques, comme le réflexe de Babinski par exemple, parce que si son système nerveux était abîmé, ils se manifesteraient.

Ce sont des considérations de cet ordre qui nous autorisent le postulat hardi qu'un homme frustré dans n'importe lequel de ses besoins fondamentaux peut fort bien être tout simplement considéré comme un homme malade. C'est un parallèle légitime au fait de qualifier de « malade » l'individu qui manque de vitamines ou de minéraux. Qui oserait prétendre qu'un manque d'amour est moins important qu'un manque de vitamines ? Puisque nous connaissons les effets pathogènes de la carence affective, qui oserait prétendre que nous invoquons ici des questions de valeur de manière non scientifique ou illégitime, plus que le médecin qui diagnostique et soigne la pellagre ou le scorbut ? Si cet usage m'était autorisé, alors je dirais simplement qu'un homme en bonne santé est fondamentalement motivé par ses besoins de développer et d'actualiser ses pleines potentialités et capacités. S'il est le siège de tout autre besoin fondamental dans un sens actif, chronique, alors c'est un homme malade. Il est aussi sûrement malade que s'il avait soudainement développé un fort appétit de sel ou de calcium. [13]

Si cette affirmation semble inhabituelle ou paradoxale, que le lecteur soit assuré qu'il ne s'agit là que d'un des nombreux paradoxes qui se feront jour à mesure que nous réviserons nos façons d'envisager les motivations les plus profondes de l'homme. Nous interroger sur ce que l'homme attend de la vie, c'est toucher à son essence même.

Résumé

1. Il existe au moins cinq ensembles de buts, que nous pouvons appeler les besoins fondamentaux. Ils recouvrent les besoins physiologiques, les besoins de sécurité, les besoins d'amour, les besoins d'estime et le besoin d'accomplissement de soi. En outre, nous sommes motivés par le désir d'atteindre ou de préserver les diverses conditions sur lesquelles reposent ces satisfactions fondamentales, et par certains désirs plus intellectuels.

2. Ces buts fondamentaux sont liés les uns aux autres en ce qu'ils sont organisés dans une hiérarchie de prépondérance. Cela signifie que le but le plus prévalent monopolisera la conscience et tendra de lui-même à organiser le recrutement des différentes capacités de l'organisme. Les besoins moins prévalents sont minimisés, voire oubliés ou niés. Mais lorsqu'un besoin est à peu près convenablement satisfait, le besoin suivant immédiatement prévalent (« supérieur ») émerge, pour dominer à son tour la vie

UNE THÉORIE DE LA MOTIVATION

consciente de l'individu et devenir le centre de l'organisation du comportement, puisque les besoins satisfaits ne sont pas des agents actifs de motivation.

L'homme est donc un animal de désir permanent. Ordinairement, la satisfaction de ces désirs n'est pas totalement atteinte, elle tend seulement à l'être. Le membre moyen de notre société est souvent partiellement satisfait et partiellement insatisfait dans tous ses désirs. Le principe hiérarchique est habituellement empiriquement observé en termes de pourcentages croissants de non-satisfaction à mesure que l'on s'élève vers le sommet de la hiérarchie. Des inversions de l'ordre habituel de la hiérarchie sont parfois observées. Il a également été observé que, sous des conditions particulières, un individu peut perdre de manière permanente les désirs les plus élevés. Il n'existe pas seulement en général de multiples motivations au comportement habituel mais aussi beaucoup d'autres déterminants que les motivations.

3. Toute frustration ou possibilité de frustration des buts humains fondamentaux, ou toute mise en danger des défenses qui les protègent, ou des conditions sur lesquelles ils reposent, est considérée comme une menace psychologique. À de rares exceptions près, toute psychopathologie découle partiellement de telles menaces. Un homme frustré dans ses besoins fondamentaux peut être défini comme un homme « malade », si nous le souhaitons.

4. Ce sont ces menaces fondamentales qui entraînent les réactions générales d'urgence.

5. Certains autres problèmes fondamentaux n'ont pas été abordés ici faute de place. En particulier : *a.* le problème des valeurs dans une théorie définitive de la motivation ; *b.* la relation entre les appétits, les désirs, les besoins et ce qui est « bon » pour l'organisme ; *c.* l'étiologie des besoins fondamentaux et leur origine probable dans la petite enfance ; *d.* la redéfinition des concepts motivationnels, c'est-à-dire le mobile, le désir, l'envie, le besoin, le but ; *e.* les implications de notre théorie pour la théorie hédoniste ; *f.* la nature de l'acte inachevé, du succès et de l'échec, et du niveau de l'aspiration ; *g.* le rôle de l'association, de l'habitude et du conditionnement ; *h.* le lien avec la théorie des relations interpersonnelles ; *i.* les implications pour la psychothérapie ; *j.* l'implication pour la théorie de la société ; *k.* la théorie de l'égoïsme ; *l.* la relation entre les besoins et les modèles culturels ; *m.* la relation entre cette théorie et la théorie de l'autonomie fonctionnelle d'A.G. Allport. Autant de questions qui, avec d'autres de moindre importance, demandent d'être prises en compte pour le développement d'une théorie définitive de la motivation.

Notes et références

Notes

1. À mesure que l'enfant grandit, le savoir pur et la familiarité ainsi qu'un meilleur développement moteur rendent ces « dangers » de moins en moins dangereux et de plus en plus faciles à gérer. Au cours de la vie, on peut dire que l'une des principales fonctions conatives de l'éducation est de neutraliser les dangers apparents à travers le savoir, par exemple : je n'ai pas peur du tonnerre parce que je sais des choses dessus.

2. Une « batterie de tests » sur le sentiment de sécurité pourrait confronter l'enfant à l'explosion d'un petit pétard ou à un visage barbu ; demander à la mère de quitter la pièce, le mettre sur une grande échelle, lui faire une piqûre, poser une souris sur son bras, etc. Naturellement, je ne peux pas sérieusement recommander l'utilisation délibérée de ce genre de « tests » car ils pourraient blesser l'enfant. Mais des situations de ce type sont légion et peuvent être observées dans la vie quotidienne de l'enfant. Il n'y a pas de raison pour que ces stimuli ne puissent être utilisés avec de jeunes chimpanzés par exemple.

3. Tous les individus névrosés ne connaissent pas ce sentiment d'insécurité. La névrose peut être provoquée par une carence d'affection et d'estime chez un individu qui se sent globalement en sécurité.

4. Pour plus de détails, voir [12] et [16, chapitre 5].

5. Nous ne savons pas si ce désir particulier est universel ou non. La question cruciale, particulièrement importante aujourd'hui, est : « Les hommes placés en situation d'esclavage et de domination éprouvent-ils systématiquement de l'insatisfaction et un désir de rébellion ? » Nous pouvons supposer sur la base de données cliniques bien connues qu'un homme qui a connu une liberté véritable (pas en renonçant à sa protection et à sa sécurité mais bien plutôt construite sur la base d'une protection et d'une sécurité adéquates) n'acceptera ni volontairement ni facilement que cette liberté lui soit reprise. Mais nous ne savons pas si cela est

vrai de la personne qui est née en esclavage. Les événements de la décennie prochaine nous apporteront peut-être une réponse. Voir la discussion de ce problème dans [5].

6. Peut-être le désir de prestige et de respect des autres est-il secondaire par rapport au désir d'estime de soi ou de confiance en soi. L'observation d'enfants semble indiquer que tel est le cas mais les données cliniques n'apportent pas de preuves tranchées à cette hypothèse.

7. Pour une discussion plus détaillée de l'estime de soi normale, ainsi que pour les conclusions de divers autres travaux de recherches, voir [11].

8. De toute évidence, le comportement créatif, peindre par exemple, est similaire à tout autre comportement en ce sens qu'il a de multiples déterminants. On peut l'observer chez des individus « naturellement créatifs », qu'ils soient satisfaits ou non, heureux ou malheureux, affamés ou rassasiés. Il est tout aussi évident que l'activité créatrice peut être compensatoire, d'amélioration ou purement économique. Il me semble (mais ce n'est qu'une impression) qu'il est possible de distinguer par la seule observation les productions artistiques et intellectuelles d'individus fondamentalement satisfaits, de celles d'individus dont les besoins fondamentaux sont insatisfaits. Dans tous les cas, ici aussi nous devons distinguer, d'une manière dynamique, le comportement manifeste en tant que tel de ses divers motivations ou desseins.

9. Je suis conscient que de nombreux psychologues et psychanalystes utilisent de manière synonyme les mots « motivé » et « déterminé », ainsi de Freud. Mais je considère que cette pratique est source de confusion. Les distinctions tranchées sont nécessaires pour la clarté du raisonnement et la précision de l'expérience.

10. Ce sujet sera plus longuement traité dans une prochaine publication.

11. Le lecteur intéressé pourra se reporter à l'excellente discussion de ce point dans *Exploration in Personality* de Murray [15].

12. Remarquons que l'acceptation de cette théorie exige une révision fondamentale de la théorie freudienne.
13. Si nous devions utiliser le mot « malade » dans ce sens, il nous faudrait alors aussi affronter directement les relations de l'homme à la société dans laquelle il vit. Une implication nette de notre définition serait que : 1. puisqu'il faut dire malade un homme fondamentalement frustré ; et 2. puisque cette frustration n'est rendue possible en dernier recours que par des forces extérieures à l'individu ; alors 3. la maladie dans un individu provient en dernier recours de la maladie dans la société. La société « bonne » ou saine pourrait alors être définie comme celle qui permet aux desseins les plus élevés de l'homme d'émerger en satisfaisant tous ses besoins fondamentaux prépondérants.

Bibliographie

1. ADLER, A. *Social interest*. London, Faber & Faber, 1938.
2. CANNON, W.B. *Wisdom of the body*. New York, Norton, 1932. (*La sagesse du corps*, Paris, Éditions de la Nouvelle Revue Critique, 1946.)
3. FREUD, A. *The ego and the mechanisms of defense*. London, Hogarth, 1937.
4. FREUD, S. *New introductory lectures on psychoanalysis*. New York, Norton, 1933. (*Nouvelles Conférences d'introduction à la psychanalyse*, Paris, Gallimard, 1984.)
5. FROMM, E. *Escape from freedom*. New York, Farrar and Rinehart, 1941.
6. GOLDSTEIN, K. *The organism*. New York, American Book Co., 1939.
7. HORNEY, K. *The neurotic personality of our time*. New York, Norton, 1937.
8. KARDINER, A. *The traumatic neuroses of war*. New York, Hoeber, 1941.

9. LEVY, D.M. « Primary affect hunger ». *American Journal of Psychiatry*, 1937, 94, 643-652.
10. MASLOW, A.H. « Conflict, frustration, and the theory of threat ». *Journal of Abormal and Social Psychology*, 1943, 38, 81-86.
11. —. « Dominance, personality and social behavior in women ». *Journal of Social Psychology*, 1939, 10, 3-39.
12. —. « The dynamics of psychological security-insecurity ». *Character & Personality*, 1942, 10, 331-344.
13. —. « A preface to motivation theory ». *Psychosomatic Medicine*, 1943, 5, 85-92.
14. —. et MITTLEMANN, B. *Principles of abnormal psychology.* New York, Harper & Bros., 1941.
15. MURRAY, H.A., *et al. Explorations in Personality.* New York, Oxford University Press, 1938. (*Exploration de la personnalité*, Paris, PUF, 1953.)
16. PLANT, J. *Personality and the cultural pattern.* New York, Commonwealth Fund, 1937.
17. SHIRLEY, M. « Children's adjustments to a strange situation ». *Journal of Abormal and Social Psychology*, 1942, 37, 201-217.
18. TOLMAN, E.C. *Purposive behavior in animals and men.* New York, Century, 1932.
19. WERTHEIMER, M. Unpublished lectures at the New School for Social Research.
20. YOUNG, P.T. *Motivation of Behavior.* New York, John Wiley & Sons, 1936.
21. —. « The experimental analysis of appetite ». *Psychological Bulletin*, 1941, 38, 129-164.

RELIGIONS, VALEURS ET EXPÉRIENCES PAROXYSTIQUES

L'édition originale de ce livre a été publiée aux États-Unis en 1964 sous le titre *Religions, Values, and Peak Experiences*.

© 2003, Viking Penguin.

Préface

Depuis que j'ai écrit ce livre, le monde a été le théâtre de bien des événements, nous offrant par là beaucoup à apprendre. Plusieurs des enseignements que j'en ai tirés sont pertinents ici, en ce sens qu'ils constituent des suppléments précieux à la thèse centrale que je développe. Mais, j'y insiste, ce sont aussi des mises en garde contre les usages excessifs, dangereux et unilatéraux de cette thèse. C'est là, bien entendu, un écueil classique pour le penseur qui s'efforce de développer une vision holiste, intégrative et inclusive. Car il est condamné à apprendre que la plupart des individus pensent de manière atomistique, en termes de « et-ou », noir-blanc, tout ou rien, d'exclusion de l'un par l'autre. Ainsi de la mère qui a offert deux cravates à son fils pour son anniversaire et qui, lorsqu'il en porte une pour lui faire plaisir, lui demande tristement : « Tu n'aimes donc pas l'autre ? »

Le meilleur moyen, me semble-t-il, de mettre le lecteur en garde contre les dangers de la polarisation et de la pensée binaire est de convoquer l'histoire. J'observe dans l'histoire de nombreuses religions organisées la même tendance à développer deux fractions extrêmes : l'aile « mystique » et individuelle d'une part et, de l'autre, l'aile légaliste et dogmatique. L'individu profondément et authentiquement croyant intègre facilement et naturellement ces dimensions. Les formes, rituels, cérémonies et formules verbales dans lesquels il a été élevé restent pour lui enracinés dans l'expérience, porteurs de symboles, archétypaux, unifiés. Un tel individu pourra bien se prêter aux mêmes gestes et aux mêmes comportements que ses coreligionnaires plus nombreux, il n'en est jamais réduit à la seule dimension comportementale, contrairement à la plupart. La majorité des gens perdent ou oublient l'expérience religieuse personnelle et redéfinissent la Religion [1] comme un ensemble d'habitudes, de comportements, de dogmes, de formes qui, à l'extrême, deviennent entièrement légalistes et bureaucratiques, conventionnels, vides et anti-religieux, au sens le plus vrai du terme. L'expérience mystique, l'illumination, l'éveil, aussi bien que le prophète charismatique qui a tout commencé, sont oubliés, perdus ou transformés en leurs contraires. Alors, la Religion organisée, les églises, deviennent les principaux ennemis de l'expérience religieuse et de l'authentique expériant. C'est une des thèses essentielles de ce livre.

Mais à l'autre bord, l'aile mystique (ou expérientielle) a aussi ses pièges sur lesquels je n'ai pas suffisamment insisté. De même que le type le plus apollonien peut sombrer dans l'excès du « tout comportemental », de même le type mystique court-il le risque d'être réduit au « tout expérientiel ». Tout à la joie et à l'émerveillement de ses extases et de ses expériences paroxystiques, il peut avoir la tentation de les rechercher, *ad hoc* ; renonçant à tout autre critère de bien ou de mal, il y voit les bienfaits les plus élevés, sinon les seuls, de la vie. Obnubilé par ces merveilleuses expériences subjectives, le danger le guette de se détourner du monde et des autres dans sa quête de catalyseurs de l'expérience paroxystique, de n'importe quel catalyseur. La plongée temporaire en soi-même, la quête inté-

PRÉFACE

rieure sont remplacées par une démarche purement égoïste : l'individu ne recherche plus rien que son salut personnel, essayant d'entrer au « paradis » même si les autres ne le peuvent pas, pour finalement peut-être même utiliser les autres comme des catalyseurs, des moyens d'atteindre son seul objectif d'états supérieurs de la conscience. On l'aura deviné, il ne devient pas seulement égoïste mais aussi malfaisant. Mon sentiment, de ce que m'a appris l'histoire du mysticisme, est que ce penchant peut parfois déboucher sur la méchanceté, la malveillance, la perte de toute compassion ou même, à l'extrême, le sadisme.

Un autre traquenard sur le chemin des mystiques (radicaux) tout au long de l'histoire a été le danger de l'escalade des catalyseurs, si je peux m'exprimer ainsi. C'est-à-dire que des stimuli de plus en plus forts sont nécessaires pour produire la même réponse. Si le seul bienfait de la vie devient l'expérience paroxystique, et si tous les moyens vers cette fin deviennent bons, et s'il vaut mieux plus d'expériences paroxystiques que moins, alors l'individu peut forcer le résultat, le provoquer, se démener, les traquer et se battre pour elles. C'est ainsi que les mystiques ont souvent franchi le pas de la magie, du secret et de l'ésotérisme, de l'exotisme, de l'occulte, du théâtral et de l'outrancier, du dangereux, du sectaire. Une saine ouverture au mystère, la reconnaissance réaliste et humble que nous ne savons pas grand-chose, l'acceptation modeste et pleine de gratitude de la grâce gratuite et de la chance toute nue – tout cela peut disparaître et se fondre dans l'anti-rationnel, l'anti-empirique, l'anti-scientifique, l'anti-verbal, l'anti-conceptuel. L'expérience paroxystique sera alors exaltée comme la meilleure ou même la seule voie vers la connaissance et, dès lors, toute tentative de validation de l'illumination sera vaine.

La possibilité que les voix intérieures, les « révélations », soient erronées, cette leçon de l'histoire qui devrait pourtant être dite haut et clair, est exclue et il n'y a pas de moyen de déterminer si ces voix sont celles du bien ou du mal. (C'est le problème qu'aborde George-Bernard Shaw dans sa pièce *Sainte Jeanne*.) La spontanéité (les impulsions de notre meilleur moi) est confondue avec l'impulsivité et la démonstrativité (les impulsions de notre moi malade), et comment alors les différencier ?

L'impatience (et en particulier celle, chronique, de la jeunesse) dicte des raccourcis de toutes sortes. Les drogues, utiles quand on y a recours de manière avisée, deviennent dangereuses quand on les utilise à tort et à travers. La révélation devient « tout » et le travail de cheminement patient et discipliné est repoussé à plus tard ou dénigré. Au lieu de l'émerveillement, « l'excitation » est programmée, promise, annoncée, vendue, artificiellement provoquée, et on en vient à la considérer comme une vulgaire marchandise. L'amour physique, certainement l'une des voies de l'expérience du sacré, est ramené au rang de simple « baise », il est vidé de sa dimension sacrée. Des « techniques » de plus en plus exotiques, artificielles, acharnées, se succèdent jusqu'à devenir indispensables tant et si bien que s'ensuivent lassitude et impuissance.

La quête de l'exotique, du bizarre, de l'inhabituel, du différent a souvent pris la forme de pèlerinages, du retrait du monde, du « Voyage en Orient », dans un autre pays ou une autre région. La grande leçon des vrais mystiques, des moines Zen et désormais aussi des psychologues humanistes et transpersonnels – que le sacré est dans l'ordinaire, qu'il doit être trouvé dans sa vie quotidienne, ses voisins, ses amis et sa famille, et donc son jardin, et que le voyage peut être une fuite

PRÉFACE

devant le sacré – cette leçon se laisse facilement oublier. Regarder ailleurs pour trouver des miracles est pour moi le signe infaillible de l'ignorance que tout est miraculeux.

Le rejet d'une caste de prêtres se revendiquant les gardiens exclusifs d'une ligne privée avec le sacré fut, à mon sens, un grand pas en avant dans l'émancipation du genre humain, et c'est aux mystiques – parmi d'autres – que nous le devons. Mais cette saine clairvoyance peut aussi être mal utilisée lorsque exagérée et considérée comme exclusive de toutes les autres par des sots. Car ils ont tôt fait de la dénaturer en un rejet du guide, du professeur, du sage, du thérapeute, du conseiller, de l'ancien, de l'ami qui nous aide sur le chemin de l'accomplissement de soi et du royaume de l'Être. C'est souvent un grand danger et toujours un handicap inutile.

Pour résumer, l'apollinien équilibré (c'est-à-dire en harmonie avec le dionysiaque équilibré) peut dégénérer en un type pathologique, celui de la névrose obsessionnelle-compulsive extrême, excessive et dissociée. Mais le dionysiaque équilibré (c'est-à-dire en harmonie avec l'apollinien équilibré) peut lui aussi dégénérer en un type pathologique, celui de l'hystérie avec tous ses symptômes. [2]

Il n'aura pas échappé au lecteur que ce que je propose ici, c'est une attitude et une façon de penser en tout point holistes. L'empirique, le vécu, doivent être revalorisés et réintroduits en psychologie et en philosophie comme adversaires de l'abstrait et de l'abstrus, de l'*a priori*, de ce que j'ai appelé les « mots gonflés à l'hélium ». Mais il importe aussi d'intégrer l'expérience à l'abstrait et au verbal : nous devons faire une place aux « concepts fondés sur l'expérience » et aux « mots nourris par l'expérience », en d'autres termes à une rationalité fondée sur l'expérience par opposition à la rationalité *a priori* que nous en sommes presque venus à assimiler à la rationalité elle-même.

RELIGIONS, VALEURS ET EXPÉRIENCES PAROXYSTIQUES

Il en va de même des relations entre l'empirisme et la réforme de la société. Les individus de peu de perspicacité en font des contraires, exclusifs l'un de l'autre. Certes, l'histoire, et jusqu'au temps présent, nous en offre de nombreux exemples. Mais cela n'a pas lieu d'être. C'est une faute, une erreur atomistique, un exemple de la pensée dissociée et pathogène caractéristique de l'immaturité. Le fait empirique est que les individus accomplis, nos creusets d'expériences les plus riches, sont aussi nos progressistes et nos grands réformateurs les plus compatissants, nos combattants les plus efficaces contre l'injustice, l'inégalité, l'esclavage, la cruauté, l'exploitation (et aussi nos meilleurs combattants de l'excellence, l'efficacité, la performance). Et il devient aussi de plus en plus évident que les meilleurs « guides-compagnons » sont les individus les plus pleinement humains. Ce que je pourrais appeler la voie du Bodhisattva est une intégration de l'enrichissement de soi et de la ferveur sociale, c'est-à-dire que la meilleure façon de devenir un meilleur « compagnon » est de devenir une personne meilleure. Mais devenir une personne meilleure passe nécessairement par aider les autres. Dès lors, chacun doit et peut faire les deux simultanément. (La question : « Lequel vient en premier ? » est une question atomistique.)

Sur ce point, je souhaiterais renvoyer le lecteur à la démonstration contenue dans la Préface à l'édition revue (1970) de mon livre *Motivation and Personality* [59] [3], que la ferveur normative n'est pas incompatible avec l'objectivité scientifique mais peut être intégrée à elle, donnant naissance à une forme supérieure d'objectivité, l'objectivité taoïste.

Tout cela signifie la chose suivante : la religion avec un petit « r » est parfaitement compatible, aux niveaux supérieurs du développement personnel, avec la rationalité, la science, la passion sociale. Qui plus est, elle peut, en principe, intégrer très

PRÉFACE

facilement l'animal, le matériel, l'égoïste – pourvu qu'ils soient équilibrés – et le transcendant, le spirituel et l'axiologique en ce qu'ils sont naturellement fondés.[4]

Pour d'autres raisons aussi, je considère à présent que ce livre affichait un parti pris trop marqué en faveur de l'individu et contre les groupes, les organisations, les communautés. Ne serait-ce qu'au cours des six ou sept dernières années, nous avons appris à ne pas penser les organisations comme nécessairement bureaucratiques, à mesure que progressait notre connaissance des types de groupes humanistes, utiles, grâce notamment aux recherches dans le domaine du développement des organisations et du management par la Théorie Y, et à l'expérience toujours plus riche des groupes-T, des *encounter groups*, des groupes de développement personnel, des succès de la communauté thérapeutique de Synanon, du mouvement des kibboutzim en Israël, etc.[5] De fait, je me sens aujourd'hui autorisé, pour de nombreuses raisons empiriques, à affirmer que les besoins fondamentaux des hommes ne peuvent être satisfaits que par et à travers d'autres êtres humains, c'est-à-dire la société. Le besoin de communauté (appartenance, contact, groupe) lui-même est un besoin fondamental. La solitude, l'isolement, l'ostracisme, le rejet par le groupe – voilà qui n'est pas seulement douloureux mais aussi pathogène. Et bien entendu, nous savons depuis des dizaines d'années que l'humanité et les caractères de l'espèce dans le jeune enfant n'y sont présents qu'à l'état de potentialités et doivent être actualisés par la société.

Mon étude de l'échec de la plupart des tentatives utopistes m'a enseigné à poser les questions fondamentales elles-mêmes d'une manière plus propice à l'investigation. « La nature humaine permet-elle la société de bien ? » et « La société permet-elle la nature humaine de bien ? »[6]

Enfin, j'adjoindrais désormais aux matériaux sur les expériences paroxystiques un intérêt accru pour les expériences-nadir, la thérapie holotropique de Grof, les expériences de mort imminente ou les rémissions, les visions postopératoires, etc., mais aussi les « expériences de plénitude ». Elles sont sereines et calmes, et non une réaction intensément émotionnelle, paroxystique, autonome, face au miraculeux, à l'admirable, au sacralisé, à l'unifié, aux valeurs ontiques. Pour autant que je puisse dire aujourd'hui, les expériences de plénitude ont toujours un élément noétique et cognitif, ce qui n'est pas systématiquement vrai des expériences paroxystiques, qui peuvent être purement et exclusivement émotionnelles. Les expériences de plénitude sont beaucoup plus délibérées que les expériences paroxystiques. Il est possible d'apprendre à voir, à percevoir de cette façon unifiée, presque à volonté. L'expérience s'apparente alors à ce que l'on pourrait appeler une béatitude sereine, cognitive, la béatitude de regarder et de percevoir, avec, cependant, quelque chose de désinvolte, de nonchalant.

L'expérience paroxystique comprend davantage un élément de surprise et d'incrédulité, de choc esthétique, la qualité d'être vécue pour la première fois. J'ai souligné ailleurs que le corps et le système nerveux vieillissants sont moins capables de supporter des expériences paroxystiques réellement bouleversantes. J'ajouterai ici que l'avancement en maturité et en âge signifie également une perte du sentiment de « première fois », de nouveauté, de pure surprise.

Les expériences paroxystiques et les expériences de plénitude diffèrent également dans leur relation à la mort. L'expérience paroxystique en tant que telle peut parfois être qualifiée de « petite mort » et de renaissance à divers égards. Moins intense, l'expérience de plénitude est plus souvent vécue

PRÉFACE

comme un pur plaisir et un pur bonheur ; ainsi d'une mère paisiblement assise à regarder pendant des heures son enfant jouer, qui s'émerveille, s'étonne, philosophe, n'y croyant pas. Elle vit ces instants comme une expérience contemplative très agréable, soutenue, et non comme une explosion paroxystique, aussi intense qu'éphémère.

Les individus âgés, faisant la paix avec la mort, sont plus susceptibles d'être profondément touchés par la tristesse (douce) et les larmes au contraste entre leur propre mortalité et la qualité d'éternité de ce qui provoque l'expérience. Ce contraste peut rendre beaucoup plus poignant et précieux ce dont ils sont témoins, par exemple : « L'extase sera toujours là, et toi, tu seras bientôt parti. Alors, cramponne-toi, apprécie-la, sois-en pleinement conscient. Sois-en reconnaissant. Tu as de la chance. »

Nous découvrons aujourd'hui que l'expérience de plénitude peut être réalisée, apprise, conquise par un long et dur travail. On peut y aspirer à juste titre. Mais je ne connais aucun moyen de contourner le nécessaire cheminement de maturation, d'expérimentation directe, de vie, d'apprentissage. Tout cela exige du temps. On peut certainement y goûter de manière fugace dans les expériences paroxystiques que tout le monde, après tout, peut connaître. Mais, prendre demeure sur le haut plateau de la conscience unifiée – voilà qui est une toute autre chose. C'est bien souvent l'effort d'une vie. Qui ne saurait donc être confondu avec l'excitation du samedi soir que beaucoup de jeunes gens considèrent comme *la* voie de la transcendance. Qui ne saurait, d'ailleurs, être confondu avec aucune expérience. Les « disciplines spirituelles », les classiques comme celles que l'on ne cesse de nos jours de découvrir, exigent temps, travail, rigueur, étude, engagement.

Il y a bien davantage à dire sur ces états qui ont de toute évidence une pierre à apporter à la vie de transcendance, au transpersonnel et à l'expérience ontique de la vie. Si je les mentionne ici brièvement, c'est dans l'espoir de corriger la tendance de certains à n'assimiler les expériences de transcendance qu'au dramatique, à l'orgasmique, au transitoire, au « culminant », comme un instant au sommet de l'Everest. Il y a aussi le plateau de plénitude où l'on peut rester, s'installer en « extase ».

Si je devais résumer de quelques mots le livre et mes remarques de cette préface, voici ce que je dirais : l'homme possède une nature supérieure et transcendante et cela fait partie de son essence, c'est-à-dire de sa nature biologique en tant que membre d'une espèce qui a évolué. Cela signifie, pour dire les choses sans détour, le rejet catégorique de l'existentialisme tel que défini par Sartre, dans sa réfutation de l'homme comme espèce et d'une nature humaine biologique, et dans son refus de faire face à l'existence des sciences biologiques. Il est vrai que le mot « existentialisme » est désormais utilisé de tant de façons et par tant de gens, et même de façons contradictoires, que cette mise en accusation ne s'applique pas à tous ceux qui se réclament de cette bannière. Mais du fait précisément de cette diversité d'usages, le mot est désormais presque inutile, à mon sens, et ferait mieux d'être abandonné. Le problème, c'est que je n'ai rien d'autre de satisfaisant à proposer pour le remplacer. Si seulement il y avait un moyen de dire tout ensemble : « Oui, l'homme constitue d'une certaine manière son propre projet et il se fait lui-même. Mais il a des limites à ce qu'il peut être. Le "projet" est biologiquement prédéterminé pour tous les hommes ; il est celui de devenir un homme. Il ne peut adopter pour lui-même le projet de devenir un chimpanzé. Ou même une femme. Ou un bébé. » La bonne étiquette devrait combi-

PRÉFACE

ner l'humaniste, le transpersonnel et le transhumain. En outre, elle devrait être expérientielle (phénoménologique), au moins dans ses fondements. Et holiste plutôt que réductrice. Fondée sur l'expérience au lieu d'hypothèses, etc.

Le lecteur intéressé par les prolongements des thèses contenues dans ce livre pourra se reporter à la jeune revue (1969) *Journal of Transpersonal Psychology* et à l'hebdomadaire *Manas*.

Dr ABRAHAM H. MASLOW
Mai 1970

Chapitre 1

Introduction

Il y a un certain temps déjà, à la suite de la décision de la Cour Suprême des États-Unis contre la pratique de la prière dans les écoles publiques, une de ces associations de femmes « patriotes » – j'ai oublié laquelle – a condamné avec virulence la position de la Cour, la qualifiant d'antireligieuse. Nous défendons les « valeurs spirituelles », affirmaient leurs représentantes, la Cour Suprême, elle, œuvre à leur destruction.

Je suis tout à fait favorable à une séparation nette de l'Église et de l'État et c'est assez automatiquement que j'ai réagi : je n'étais pas d'accord avec l'association de femmes. Mais il survint alors quelque chose qui me plongea dans la réflexion pendant de longs mois. Il m'est soudain apparu que moi aussi j'étais favorable aux valeurs spirituelles et, bien plus, que mes travaux de recherche et mes études théoriques étaient allés fort loin pour faire la démonstration de leur réalité. J'avais réagi de manière automatique à la prise de position de l'association, la rejetant en bloc, et acceptant par là même sa définition et son concept erronés des valeurs spirituelles. En un mot, j'avais laissé ces primates de l'esprit s'emparer d'un bon mot et y instiller leur signification à elles, de la même manière qu'elles se sont emparées du noble mot de « patriote » pour le pervertir et le détruire. Je les avais laissées redéfinir ces mots, pour en accepter ensuite leurs définitions. Eh bien, à présent, je veux les reprendre. Je veux démontrer que les valeurs spirituelles ont un sens qui relève de l'ordre naturel, qu'elles ne sont pas la propriété exclusive des églises organisées, qu'elles n'ont pas besoin de concepts surnaturels pour les valider, qu'elles sont pleinement du ressort d'une science convenablement élargie et que, par conséquent, elles sont de la responsabilité générale de tous les hommes. S'il en est bien ainsi, nous aurons à reconsidérer la place légitime des valeurs morales et spirituelles dans l'éducation. Car si ces valeurs ne sont pas exclusivement assimilées aux églises, alors il n'y a pas lieu que l'enseignement de valeurs à l'école ouvre une brèche dans le mur qui sépare l'Église de l'État.

Les décisions de la Cour Suprême sur la pratique de la prière dans les écoles publiques ont été perçues (à tort, comme nous le verrons) par de nombreux Américains comme un rejet des valeurs spirituelles dans l'éducation. Dans le concert des réactions auquel nous avons assisté, la plupart des voix qui se sont élevées l'ont fait pour la défense de ces valeurs supérieures et de ces vérités éternelles, et non des prières en tant que telles. Il faut donc comprendre qu'un grand nombre de nos concitoyens voient la religion organisée comme le siège, la source, la gardienne et la garante et la maîtresse de la vie spirituelle. Ses méthodes, son style d'enseignement, son contenu, sont largement et officiellement acceptés comme le chemin, et par beaucoup comme le seul chemin, vers une vie de rectitude, de pureté et de vertu, de justice et de bonté, etc. [1]

On retrouve cette pensée dominante, et l'on mesurera l'ampleur du paradoxe, chez nombre de savants, de philosophes et autres intellectuels tenants de l'orthodoxie positiviste. En tant que groupe, les positivistes purs et durs admettent la même dichotomie rigide des faits et des valeurs que les bigots patentés. Puisqu'ils excluent les valeurs du domaine de la

INTRODUCTION

science et du domaine de la connaissance exacte, rationnelle, positiviste, c'est par défaut aux non-scientifiques et aux non-rationalistes (c'est-à-dire à ceux qui « ne savent pas ») qu'il revient de s'occuper de toutes les valeurs. Les valeurs, considèrent-ils, ne peuvent qu'être arbitrairement décrétées, comme un goût, une préférence ou une croyance, qui ne saurait être scientifiquement ni validé, ni prouvé, ni confirmé ou infirmé. D'où il s'ensuit que ces scientifiques-là et ces philosophes-là n'ont réellement aucun argument pour ou contre les églises même si, en tant que groupe, ils sont peu enclins à les respecter. (Même ce manque de respect est, pour eux, une affaire de goût seulement et ne peut donc être étayé de manière scientifique.)

Psychologues et éducateurs n'échappent pas non plus toujours à ce biais. Il est en tout cas presque universellement partagé par les psychologues positivistes, les béhavioristes, les néo-béhavioristes et les ultra-empiristes, dont tous estiment que les valeurs et la vie spirituelle ne relèvent pas de leur sphère professionnelle et qui abandonnent au passage toute prise en considération de la poésie, de l'art et de toute expérience religieuse ou transcendante. De fait, le pur positiviste rejette toute expérience intérieure quelle qu'elle soit comme « non scientifique », ne relevant pas du domaine de la connaissance humaine, comme n'étant pas susceptible d'être étudiée par une méthode scientifique, au motif que de telles données ne sont pas objectives, c'est-à-dire publiques et partagées. Comment ne pas y voir une forme de « réduction au concret », au tangible, au visible, à l'audible, à ce qui peut être enregistré par une machine – au comportement pour tout dire ?[2]

L'autre théorie dominante de la psychologie, la théorie freudienne, pour venir d'un tout autre cadrant de la boussole, n'en finit pas moins au même terminus, récusant d'avoir quoi que ce soit à faire avec les valeurs spirituelles ou éthiques. Freud lui-même, et Hartman [28] à sa suite, affirment à peu près que « le seul but de la méthode psychanalytique est de dénouer les refoulements et autres défenses contre la confrontation à une vérité désagréable ; elle n'a rien à voir avec les idéologies, les endoctrinements, les dogmes religieux ou l'enseignement d'une façon de vivre ou d'un système de valeurs ». (Même Alan Wheelis [89], aussi méticuleux et clairvoyant puisse-t-il se montrer, aboutit à une conclusion similaire.) Remarquons au passage l'acceptation induite de la conviction *a priori* que les valeurs sont « inculquées », au sens traditionnel de l'endoctrinement, et qu'elles doivent, par conséquent, être arbitraires et aussi qu'elles sont totalement étrangères aux faits, à la vérité, à la découverte, au dévoilement des valeurs et des « soifs de valeurs » qui existent au plus profond de la nature humaine.

Et donc, la psychanalyse freudienne officielle, orthodoxe, demeure essentiellement un système de psychopathologies et de traitement des psychopathologies. Elle ne nous offre pas une psychologie de la vie supérieure ou de la « vie spirituelle », de ce vers quoi l'être humain devrait croître, de ce qu'il peut devenir (cela, bien que je considère la méthode psychanalytique comme une sous-structure indispensable de toute psychologie « supérieure » ou de croissance de l'individu [70]). Freud est le produit de la science du XIXe siècle, mécaniste, physico-chimique, réductionniste ; et c'est là que demeurent les disciples gardiens de son temple, tout au moins en ce qui concerne la théorie des valeurs et tout ce qui concerne de près ou de loin les valeurs. Mieux, ce réductionnisme est parfois poussé si loin que l'on pourrait presque croire que les freudiens affirment que la « vie supérieure » n'est rien d'autre qu'un ensemble de « défenses contre les instincts », en particulier le déni et la formation réactionnelle. Sans le concept de sublimation, c'est ce

INTRODUCTION

qu'ils seraient obligés de dire. Malheureusement, le concept de sublimation est tellement faible et peu satisfaisant qu'il ne peut tout bonnement pas assumer cette lourde responsabilité. Ainsi la psychanalyse est-elle parfois dangereusement proche d'une philosophie de l'homme nihiliste et rejetant toute valeur. (Il est heureux que dans la pratique tout bon thérapeute ne prête pas attention à cette philosophie. Car il fonctionne souvent selon une philosophie inconsciente de l'homme qui ne sera peut-être pas démêlée scientifiquement avant cent ans. La psychanalyse, il est vrai, nous offre aujourd'hui des développements intéressants et excitants – mais ils sont le fait de ses représentants les moins orthodoxes.) Il faut néanmoins reconnaître à Freud, bien qu'il ait été à son plus médiocre sur toutes les questions de transcendance, d'être tout de même préférable aux béhavioristes qui, non contents de ne pas avoir les réponses, nient même les questions.

Par les temps qui courent, érudits humanistes et artistes ne sont pas non plus d'un grand secours. Il fut un temps où ils étaient, et étaient censés être des véhicules et des passeurs des vérités éternelles et de la vie supérieure. Le but des études humanistes était défini comme la perception et la connaissance du bon, du beau et du vrai. On attendait de telles études qu'elles affinent le discernement entre ce qui est excellent et ce qui ne l'est pas (l'excellence étant en général entendue comme la vérité, la bonté et la beauté). Elles étaient censées éveiller chez l'élève l'aspiration à la vie meilleure, la vie supérieure, la bonté et la vertu. Ce qui était vraiment précieux, a dit Matthew Arnold, « c'était de nous ouvrir les yeux sur tout ce que le monde avait produit et dit de meilleur ». Et personne ne le contredisait. Pas plus qu'il n'était besoin de préciser qu'il parlait de la connaissance des classiques ; tels étaient les modèles universellement acceptés.

Mais ces dernières années, et jusqu'à aujourd'hui, la plupart des érudits et des artistes ont participé à l'effondrement général de toutes les valeurs traditionnelles. Lorsque ces valeurs se sont effondrées, aucune autre n'était là pour les remplacer. Et aujourd'hui, bon nombre de nos artistes, romanciers, dramaturges, critiques, spécialistes de la littérature et de l'histoire, sont découragés, pessimistes ou abattus, sans compter ceux qui succombent au nihilisme ou au cynisme (en ce sens de croire qu'aucune « vie bonne » n'est possible et que les valeurs prétendument supérieures ne sont qu'un leurre et une escroquerie).

Une chose est sûre : le jeune étudiant se tournant vers l'étude des arts et des humanités n'y trouvera aucune certitude stimulante. Quel critère de sélection a-t-il entre, disons, Tolstoï et Kafka, Renoir et DeKooning, Brahms et Cage ? Et quel artiste ou écrivain de renom essaye aujourd'hui d'enseigner, d'inspirer, de guider vers la vertu ? Lequel d'entre eux pourrait même utiliser ce mot « vertu » sans plaisanter ? Sur lequel d'entre eux un jeune homme « idéaliste » pourrait-il prendre modèle ?

Non, le demi-siècle qui vient de s'écouler ne laisse aucune place au doute : les convictions des humanistes, des artistes, des dramaturges et des poètes, des philosophes, des critiques et, plus largement, de tous les esprits indépendants d'avant 1914 ont laissé la place à un chaos de relativisme. Pas un de ces individus ne sait aujourd'hui comment choisir ni que choisir, pas plus qu'il ne saurait comment défendre et valider ses choix. Pas même les critiques qui luttent contre le nihilisme et l'absence de valeurs ne font beaucoup plus qu'attaquer, à l'instar de Joseph Wood Krutch [40, 41] – qui ne nous propose pas grand-chose de très mobilisant ni de très positif pour quoi nous battre, sans parler de mourir.

INTRODUCTION

Nous ne pouvons plus nous reposer sur la tradition, le consensus, les habitudes culturelles, l'unanimité de croyance pour nous donner nos valeurs. Toutes ces traditions acceptées ont disparu. Bien entendu, nous n'aurions jamais dû nous reposer sur la tradition — comme ses échecs doivent à présent l'avoir prouvé à tous — : elle n'a jamais été une fondation très solide. Elle a été détruite trop facilement par la vérité, par l'honnêteté, par les faits, par la science, par son échec historique, pragmatique, pur et simple.

Seule la vérité peut être notre fondation, le socle sur lequel nous bâtirons. Seule la connaissance empirique, naturelle, dans son sens le plus large, peut à présent nous servir. J'hésite ici à employer le mot « science » parce qu'il renvoie lui-même à un concept discutable ; et je proposerai plus loin dans cet essai une révision et une redéfinition de la science qui pourraient la rendre capable de mieux servir nos desseins en matière de valeurs, la rendre plus inclusive et moins sectaire, plus ouverte au monde et moins snob quant à ses territoires. C'est dotée de cette acception plus large, que je préciserai, que la science — c'est-à-dire *tout* le savoir confirmable dans *tous* ses stades de développement — commencera d'apparaître capable de traiter des valeurs.

En particulier, notre connaissance nouvelle de la nature humaine donnera-t-elle probablement aux humanistes et aux artistes, aussi bien qu'aux bigots, le critère solide de sélection qui leur fait défaut aujourd'hui pour choisir parmi les multiples possibilités de valeurs qui réclament à grands cris que l'on croie en elles – cacophonie qui n'est au total qu'absence de valeurs.

Chapitre 2

Réconcilier science et religion

Les nouveaux développements que connaît la psychologie sont à mon sens en passe d'imposer un profond changement à notre philosophie de la science, un changement tellement radical que nous pourrions être en mesure d'accepter les questions religieuses fondamentales comme faisant légitimement partie de la juridiction de la science, une fois que la science aura été élargie et redéfinie.

C'est parce que la science comme la religion ont été conçues de manière trop étroite, et ont été dissociées l'une de l'autre, dans une dichotomie abusive, qu'elles ont été considérées comme deux univers exclusifs l'un de l'autre. Pour dire les choses clairement, cette séparation a rendu possible la science du XIXe siècle, cette science trop exclusivement mécaniste, trop positiviste, trop réductionniste, se voulant à tout prix sans valeurs. Elle s'est à tort envisagée elle-même comme n'ayant rien à dire au sujet des finalités, ou valeurs suprêmes, ou valeurs spirituelles. C'est postuler que ces finalités sont totalement hors de la portée de la connaissance humaine naturelle, qu'elles ne pourront jamais être connues d'une manière empiriquement vérifiable, validée, d'une manière propre à satisfaire les hommes intelligents, comme les faits les satisfont.

Pareille attitude condamne la science à n'être rien d'autre que de la technologie, amorale et non éthique (comme nous l'ont appris les médecins nazis). Une panoplie d'instruments, de méthodes, de techniques, un outil laissé à la libre utilisation de tout homme, bon ou mauvais, et au service de toute fin, bonne ou mauvaise [59].

Cette séparation du savoir et des valeurs a également perverti les religions organisées en les coupant des faits, du savoir, de la science, au point même d'en faire parfois les ennemies de la connaissance scientifique. De là à dire qu'elles n'ont plus rien à apprendre...

Mais quelque chose de nouveau se profile aujourd'hui aux horizons de la science et de la religion, tout du moins pour ce qui est de leurs représentants les plus intelligents et les plus avertis. S'offre ainsi au scientifique plus large d'esprit la possibilité d'adopter une attitude très différente vis-à-vis des questions religieuses naturelles, humanistes. L'histoire se répète et un autre territoire – encore un – est en passe d'échapper au giron de la religion organisée.

De même que toute science fut autrefois un élément du corps plus vaste de la religion organisée pour ensuite s'en séparer et prendre son indépendance, de même peut-on dire qu'un phénomène similaire est en marche pour tout ce qui touche aux valeurs, à l'éthique, à la spiritualité, à la morale. Ces questions sont progressivement retirées du ressort exclusif des églises institutionnalisées et deviennent la « propriété », pour ainsi dire, d'un nouveau type de scientifique humaniste qui dénonce vigoureusement la revendication ancestrale des religions établies d'être les seules arbitres de toutes les questions de foi et de morale.

RÉCONCILIER SCIENCE ET RELIGION

On peut, sans doute, placer la relation entre la science et la religion sous le signe de la dichotomie, mais je pense pouvoir désormais démontrer qu'elle ne le doit pas et que l'individu profondément religieux – dans un sens précis sur lequel je reviendrai – doit bien plutôt se sentir affermi et encouragé par la perspective que ses interrogations personnelles en matière de valeurs puissent trouver des réponses plus solides que jamais auparavant.

Tôt ou tard, nous devrons redéfinir et la religion et la science.

Comme toujours, dissocier pervertit (et la perversion dissocie). Isoler l'une de l'autre les deux parties interdépendantes d'un tout, des parties qui ont besoin l'une de l'autre, des parties qui sont réellement des « parties » et non des « tout », les dénature toutes deux, les rend malades et les souille [54]. En dernier ressort, cela les rend même non viables. On en trouvera une excellente illustration dans le roman fascinant de Philip Wylie *The Disapearance*. Lorsque les hommes et les femmes s'égarent dans deux mondes distincts, isolés, les deux sexes sombrent dans la dégénérescence et la maladie. Démonstration éclatante nous y est faite qu'ils ont besoin l'un de l'autre pour être eux-mêmes.

Lorsque tout ce qui pouvait être dit « religieux » (au sens naturel comme au sens surnaturel) a été coupé de la science, du savoir, de toute nouvelle découverte, de la possibilité d'un examen sceptique, de la confirmation et de l'infirmation, et, partant, de toute possibilité de purification et d'amélioration, à quoi pouvait-on s'attendre sinon à la religion orpheline que nous connaissons ? La religion se piqua d'affirmer que la révélation fondatrice était entière, parfaite, finale et éternelle. À elle, la vérité, toute la vérité ; n'ayant plus rien à apprendre, elle se trouva acculée dans la position qui a détruit tant d'églises : s'opposer au changement, être seulement conservatrice, être anti-intellectuelle et anti-scientifique, rendre la piété et l'obéissance exclusives de l'intelligence sceptique – pour tout dire, contredire la vérité naturelle.

Une religion ainsi dissociée ne peut que générer une définition binaire et partiale de tous les concepts essentiels. La foi, par exemple, qui revêt une signification naturelle parfaitement respectable, comme dans les écrits de Fromm notamment, tend, entre les mains d'une église anti-intellectuelle, à dégénérer en une croyance aveugle, parfois même en la « croyance en ce qu'on sait ne pas être ainsi ». Elle devient vite obéissance absolue et loyauté ultime envers et contre tout. Et produit des moutons au lieu que des hommes. Et ne connaît plus que l'arbitraire et l'autoritaire [46].

Le mot « sacré » nous offre un autre exemple de perversion par l'isolement et la séparation. Si le sacré devient la juridiction exclusive d'un clergé, et si sa validité supposée repose seulement sur des fondations surnaturelles, alors, de fait, il est exclu du monde de la nature et de la nature humaine. Il est nettement dissocié du profane ou du séculier, n'a bientôt plus rien à faire avec eux, ou devient même leur contraire. Il est associé à des rites et à des cérémonies particuliers, à un jour particulier de la semaine, un bâtiment particulier, un langage particulier, et même à certain instrument de musique particulier ou à certains aliments. Bien loin d'irriguer tout ce qui fait la vie, le sacré est mis en cases. Dès lors, il n'est pas la propriété de tous les hommes mais seulement de quelques-uns. Il n'est plus omniprésent comme possibilité dans les affaires courantes des hommes mais devient une pièce de musée sans utilité quotidienne ; de fait, pareille religion se doit de séparer le réel de l'idéal et de rompre le nécessaire jeu dynamique entre eux. Leur dialectique, l'influence de l'un sur l'autre, la façon dont ils se modèlent mutuellement, l'utilité de l'un pour l'autre, et même, dirais-je, leur besoin absolu l'un de l'autre sont perturbés et rendus impossibles. Que se produit-il alors ? Tournons-nous vers l'histoire, encore, et observons tous les exemples qui nous y sont offerts de l'église débitant ses piétés au beau milieu de l'exploitation et de la dégradation humaines comme si les unes n'avaient rien à voir avec les autres (« Rendre à César ce qui appartient à César »). Cette religion toute de promesses non tenues qui, plus souvent qu'à son tour, s'est transformée en un suppôt du mal au quotidien, est presque inévitable lorsque l'existant n'a aucun lien intrinsèque et constant avec l'idéal, lorsque le paradis est ailleurs très loin de la terre, lorsque l'amélioration de l'homme devient impossible dans le monde et ne peut être réalisée qu'en renonçant à lui. « Car l'action en faveur du bien est mue par la foi en ce qui est possible, et non par l'adhésion à ce qui est », comme l'a souligné John Dewey [14].

Et cela nous conduit à l'autre moitié de la dichotomie, la science dissociée. Tout ce que nous pouvons dire de la religion orpheline est très semblable ou complémentaire de ce que nous pouvons dire de la science orpheline.

Ainsi, quant à la division de l'idéal et du réel, la science dissociée proclame qu'elle ne s'occupe que du réel et de l'existant et qu'elle n'a rien à voir avec l'idéal, c'est-à-dire avec les finalités, les buts, les desseins de la vie, en d'autres termes, les valeurs ultimes. Toute critique qui peut être faite à l'encontre de la « demi-religion » peut l'être de manière complémentaire à l'encontre de cette « demi-science ». À la « réduction à l'abstrait » [71] de la religion aveugle – son aveuglement aux faits bruts, au concret, à l'expérience même de vie – correspond la « réduction au concret » de la science sans âme, « réduction au concret » au sens de Goldstein [23, 24], et réduction au tangible et à l'immédiatement visible et audible. La science devient amorale, quelque fois même anti-morale et anti-humaine, tout juste de la technologie qui peut être achetée par n'importe qui dans n'importe quel dessein, à l'instar des « scientifiques » allemands qui ont pu travailler avec le même zèle pour les nazis, les communistes ou les Américains. Les décennies qui viennent de s'écouler nous ont suffisamment appris que la science peut être dangereuse pour l'humanité et que les scientifiques peuvent devenir des monstres dès lors que la science est envisagée comme une partie d'échecs, une fin en elle-même, avec des règles arbitraires, dont le seul dessein est d'explorer l'existant et qui commet l'erreur fatale d'exclure l'expérience subjective du domaine de l'existant ou de l'explorable.

Ainsi en va-t-il aussi de l'exclusion du sacré et du transcendant de la juridiction de la science. Voilà qui, par principe, rend impossible l'étude de certains aspects de l'abstrait, par exemple : psychothérapie, expérience religieuse naturelle, créativité, symbolisme, jeu, théorie de l'amour, expériences mystiques et paroxystiques, sans parler de la poésie, de l'art et de bien d'autres choses (puisque tous impliquent une intégration du domaine de l'Être au domaine du concret).

Pour mentionner seulement un exemple ayant directement à voir avec l'éducation, il pourrait être aisément montré que le bon professeur doit avoir pour l'enfant ce que j'ai appelé ailleurs l'amour ontique (l'amour désintéressé), ce que Rogers a appelé un regard positif inconditionnel [82] et ce que d'autres ont appelé – avec raison je le soutiens – le caractère sacré de chaque individu. Dénoncer ces concepts comme « normatifs » ou chargés de valeurs et, partant, comme non scientifiques, c'est fermer la porte à certaines recherches pourtant indispensables sur la nature du bon professeur.

RÉCONCILIER SCIENCE ET RELIGION

Et ainsi l'exposé pourrait-il se poursuivre presque indéfiniment. J'ai déjà beaucoup écrit sur la science orthodoxe, scientiste, du XIXe siècle et entends continuer de le faire. Ici, j'ai souhaité l'aborder du point de vue de la dichotomie entre science et religion, entre faits (seulement et entièrement) et valeurs (seulement et entièrement) et j'ai essayé de montrer que cette séparation en juridictions mutuellement exclusives est condamnée à produire une science mutilée et une religion mutilée, des faits mutilés et des valeurs mutilées.

Très clairement, cette conclusion vaut pour les valeurs éthiques et spirituelles par lesquelles j'ai débuté (et le besoin et la soif de ces valeurs). Car très clairement, on ne saurait confier ces valeurs et ces besoins à la garde d'aucune église. Ils ne peuvent être retirés au domaine de l'enquête humaine, de l'examen sceptique, de l'investigation empirique. Mais j'ai essayé de démontrer que la science orthodoxe ne veut pas non plus de cette tâche ni n'est capable de s'en acquitter. Dès lors, il apparaît que c'est une science étendue dont nous avons besoin, dotée de pouvoirs et de méthodes eux aussi étendus, une science qui soit capable d'étudier les valeurs et d'en instruire les hommes.

Cette science-là inclurait et – dans la mesure où elle existe déjà – inclut beaucoup de ce que l'on a dit religieux. En fait, cette science étendue inclut au rang de ses préoccupations presque tout ce qui dans la religion peut admettre l'observation.

Je pense que je peux même aller jusqu'à dire que si nous devions faire une liste des mots-clés qui ont jusqu'ici été considérés comme la propriété de la religion organisée et comme totalement extérieurs à la juridiction de la « science » à l'ancienne mode, nous découvririons que tous ces mots sans exception acquièrent aujourd'hui une signification parfaitement naturelle, c'est-à-dire qu'ils sont du ressort de l'observation scientifique. (Voir l'annexe A.)

Permettez-moi d'essayer de le dire d'une autre manière encore. L'athée du XIXe siècle a, pour ainsi dire, jeté le bébé avec l'eau du bain. Il a jeté aux orties les questions religieuses avec les réponses religieuses parce qu'il devait rejeter les réponses de la religion. Il a tourné le dos à l'entreprise religieuse dans son ensemble parce que la religion organisée lui proposait des réponses qu'il ne pouvait accepter intellectuellement – qui ne reposaient sur aucune preuve acceptable par un scientifique qui se respecte. Mais ce que le scientifique plus averti est à présent en passe d'apprendre, c'est que bien qu'il doive être en désaccord avec la plupart des réponses que la religion organisée a apportées aux questions religieuses, il est de plus en plus évident que les questions religieuses elles-mêmes – et les quêtes, les aspirations religieuses, les besoins religieux – sont parfaitement respectables d'un point de vue scientifique, qu'ils sont profondément enracinés dans la nature humaine, qu'ils peuvent être étudiés, décrits, examinés d'une manière scientifique, et que les églises essayaient de répondre à des questions humaines parfaitement sensées. Même si les réponses n'étaient pas acceptables, les questions elles-mêmes étaient et sont parfaitement acceptables et légitimes.

Car les psychologues existentiels et les humanistes contemporains ne considèreraient-ils pas comme existentiellement malade ou anormal un individu qui se désintéresserait de ces questions « religieuses » ?

Chapitre 3

L'expérience « religieuse première », ou « transcendante »

L'origine, le cœur, l'essence, le noyau universel de toute religion historique (sauf à considérer aussi le confucianisme comme une religion) est l'illumination intime, solitaire, personnelle, la révélation ou l'extase d'un prophète ou visionnaire d'une profonde sensibilité. Les grandes religions se disent elles-mêmes religions « révélées » et chacune tend à asseoir sa validité, sa fonction et sa légitimité sur la codification de cette révélation ou expérience mystique originelle du prophète solitaire et sa transmission à l'ensemble des êtres humains.

Mais nous commençons d'entrevoir que ces « révélations » ou illuminations mystiques peuvent être inscrites au rang des « expériences paroxystiques »[1] ou « extases » ou « expériences transcendantes » que de nombreux psychologues ont entrepris depuis peu d'étudier avec passion. C'est-à-dire qu'il est très probable, et même quasiment certain, que ces relations anciennes, décrites en termes de révélation surnaturelle, aient en fait désigné des expériences paroxystiques parfaitement naturelles, humaines, d'un type que l'on peut aisément étudier aujourd'hui et qui, cependant, étaient exprimées en référence au cadre conceptuel, culturel et linguistique qui était celui du prophète.[2]

En un mot, nous pouvons étudier aujourd'hui ce qui est survenu dans le passé et n'était alors explicable qu'en termes surnaturels. Il nous devient ainsi possible d'explorer la religion dans toutes ses facettes et dans toutes ses significations, selon des méthodes qui en font une partie intégrante de la science au lieu d'une sphère extérieure et exclusive de celle-ci.

Cette perspective de recherche nous conduit à une autre hypothèse très plausible : puisque toutes les expériences paroxystiques ou mystiques sont les mêmes dans leur essence et ont toujours été les mêmes, alors toutes les religions sont les mêmes dans leur essence et ont toujours été les mêmes. Elles devraient, par conséquent, s'accorder en principe pour transmettre ce qui leur est commun : les enseignements communs, quels qu'ils soient, des expériences paroxystiques (car les éléments par quoi elles diffèrent peuvent très légitimement être considérés comme relevant de particularismes locaux dans le temps et l'espace et, par conséquent, comme superflus, non essentiels). Ce quelque chose de commun, ce quelque chose qui demeure après qu'on a ôté tous les particularismes locaux, tous les accidents de langues ou de philosophies données, toutes les formulations ethnocentriques, tous ces éléments qui ne sont pas communs, ce quelque chose, nous pouvons l'appeler l'expérience religieuse première ou l'expérience transcendante.

Pour mieux comprendre cela, il convient de distinguer entre deux types abstraits, les prophètes d'une part, et les légalistes, ou hommes de l'appareil religieux, d'autre part. (Je reconnais que le recours à des types purs, extrêmes, qui n'existent pas dans la réalité frôle la caricature ; néanmoins, je pense que cela nous aidera tous à réfléchir au problème qui nous préoccupe ici.) [3] Le prophète type est un homme solitaire qui a découvert sa vérité sur le monde, le cosmos, l'éthique, Dieu et sa propre identité à travers un cheminement intérieur, à travers ses expériences personnelles, à travers ce qu'il considère être une révélation. Le plus souvent, et peut-être toujours, les prophètes des religions historiques ont connu ces expériences alors qu'ils étaient seuls.

Le type abstrait de l'ecclésiastique-légaliste peut quant à lui être défini comme l'homme d'appareil, représentant et bras de l'organisation, loyal envers la structure de l'organisation qui a été bâtie sur le socle de la révélation originelle du prophète en vue de rendre cette révélation accessible aux masses. Sachant ce que nous savons des organisations, il n'est en rien surprenant que des individus lui deviennent fidèles, ainsi qu'au prophète et à sa vision ; ou à tout le moins deviendront-ils fidèles à la version de la vision du prophète proposée par l'organisation. J'irai même jusqu'à dire (et je ne veux pas seulement parler des organisations religieuses mais aussi des organisations parallèles comme le Parti communiste ou les groupes révolutionnaires) que, schématiquement, ces organisations peuvent être considérées comme une sorte de carte perforée ou de version IBM d'une révélation ou expérience mystique ou expérience paroxystique originelle, qui en permette une utilisation de masse et facilite la machine administrative de l'appareil.

Je crois utile de mentionner ici une étude pilote sur les individus que j'ai appelés les « non-paroxystes » – les exclus de l'expérience paroxystique. Lors de mes premiers travaux, conduits en collaboration avec Gene Nameche, j'ai utilisé ce mot parce que je pensais que certaines personnes avaient des expériences paroxystiques et d'autres pas. Mais, à mesure que je collectais de nouvelles informations, et que je devenais moi-même plus habile dans l'art de poser des questions, je découvris qu'un pourcentage toujours plus élevé de mes sujets commençait à rapporter des expériences paroxystiques (voir l'annexe F sur la communication rhapsodique). Je finis par prendre l'habitude de m'attendre à ce que tout le monde connaisse des expériences paroxystiques et à être surpris lorsque je rencontrais quelqu'un n'en ayant aucune à raconter. Cette expérience m'a finalement amené à utiliser l'expression « non-paroxyste » pour décrire, non pas la personne qui est incapable d'avoir des expériences paroxystiques, mais plutôt celle qui en a peur, qui les réprime, qui les refuse, qui leur tourne le dos ou qui les « oublie ». Mes recherches préliminaires sur les raisons de ces réactions négatives aux expériences paroxystiques m'ont conduit à certaines impressions (non confirmées) sur les motifs qui poussent certains types d'individus à renier leurs expériences paroxystiques.

Toute personne dont le caractère (ou *Weltanschauung* ou façon de vivre) est ainsi fait qu'il l'oblige à essayer d'être extrêmement ou totalement rationnelle ou « matérialiste » ou mécaniste tend à rejeter les expériences paroxystiques. Une telle vision de la vie incite l'individu à considérer ses expériences paroxystiques et transcendantes comme une sorte de démence, une perte totale de contrôle, le sentiment d'être submergé par des émotions irrationnelles, etc. L'individu qui a peur de devenir fou et qui, partant, s'accroche de toutes ses forces à la stabilité, au contrôle, à la réalité, etc., semble être effrayé par les expériences paroxystiques et tend à les combattre. Pour l'individu atteint de névrose obsessionnelle-compulsive, qui organise sa vie autour de la négation et du contrôle de l'émotion, la crainte d'être submergé par une émotion (interprétée comme une perte de contrôle) suffit à lui faire mobiliser toutes ses facultés de répression et de défense contre les expériences paroxystiques. J'ai ainsi l'exemple d'une jeune femme, marxiste convaincue, qui a refusé – tourné le dos à – une expérience paroxystique légitime, la cataloguant finalement comme une sorte de chose particulière mais sans importance qui lui était arrivée et qu'il valait mieux oublier parce que cette expérience était en conflit avec sa philosophie de la vie, matérialiste et mécaniste. J'ai trouvé quelques non-paroxystes qui étaient ultra-scientifiques, tenants de la conception positiviste de la science comme activité non émotionnelle ou anti-émotionnelle, totalement gouvernée par la logique et la rationalité, et qui considéraient que tout ce qui n'était pas logique et rationnel n'avait pas de place respectable dans la vie. (Je suspecte également que les individus « pratiques » à l'extrême, exclusivement orientés vers les moyens, se révèleraient peu enclins aux expériences paroxystiques, celles-ci ne produisant guère de grain à moudre. De même pour les individus hétérodéterminés qui ne savent rien ou presque de ce qui se passe à l'intérieur d'eux-mêmes. Peut-être en va-t-il aussi pareillement des individus réduits au concret, au sens où l'entend Goldstein, etc., etc.) J'ajouterai enfin que, dans certains cas, je n'ai pu trouver aucune explication à ce refus des expériences paroxystiques.

Si, donc, le lecteur m'autorise cette terminologie en cours de formation mais non encore validée, je dirais alors simplement que la relation entre le prophète et l'ecclésiastique, entre le mystique solitaire et l'homme de l'appareil religieux (dans ce qu'il a de plus extrême) tient souvent de la relation entre le paroxyste et le non-paroxyste. Que sont la théologie et la religion verbale tout au long de l'histoire et à travers le monde, sinon, pour une large part, les efforts plus ou moins vains de mettre en mots et en formules communicables, en rituels et cérémonials symboliques, l'expérience mystique originelle des prophètes fondateurs ? En un mot, la religion organisée peut être considérée comme une tentative pour communiquer des expériences paroxystiques à des individus qui en sont ignorants, pour les enseigner, les appliquer, etc. Souvent, pour rendre les choses plus difficiles, cette tâche se retrouve entre les mains de non-paroxystes. N'est-ce point là, nous commençons de l'entrevoir, vaine tentative, du moins pour ce qui concerne la majorité de l'espèce humaine ? Les expériences paroxystiques et leur réalité empirique ne sont ordinairement pas transmissibles aux non-paroxystes, à tout le moins pas à l'aide des seuls mots, et certainement pas par ceux qui en sont ignorants. Ce que l'on constate chez beaucoup de gens, en particulier ceux de peu d'éducation, de peu de culture, les naïfs, c'est qu'ils se bornent à concrétiser tous les symboles, tous les mots, toutes les statues, toutes les cérémonies et, par un processus d'autonomie fonctionnelle, en font, en lieu et place de la révélation originelle, les choses et les activités sacrées. Il s'agit là, ni plus ni moins, d'une forme de l'idolâtrie (ou du fétichisme) qui a été la malédiction de toutes les grandes religions. Avec l'idolâtrie, le sens originel essentiel est tellement perdu dans les concrétisations que celles-ci deviennent finalement hostiles aux expériences mystiques, aux mystiques et aux prophètes en général, ceux-là même que nous pourrions appeler de notre présent point de vue les individus authentiquement religieux. Car n'est-il pas vrai que maintes religions ont fini par renier et devenir antagonistes du socle même sur lequel elles étaient bâties ?

Quand on se penche sur l'histoire interne de la plupart des religions du monde, on découvre que toutes tendent très tôt à se scinder en une aile gauche et une aile droite : d'un côté, les paroxystes, les mystiques, les expérians, les individus religieux pour eux-mêmes et, de l'autre, ceux qui concrétisent les symboles et les métaphores religieux, qui adorent de petits bouts de bois et non ce qu'incarnent les objets, ceux qui prennent les formules verbales au pied de la lettre, oubliant la signification originelle de ces mots, et, peut-être plus important, ceux qui considèrent l'appareil, l'église comme premiers et comme plus importants que le prophète et les révélations originelles. Ces hommes, comme beaucoup d'hommes d'organisation qui ten-

L'EXPÉRIENCE « RELIGIEUSE PREMIÈRE », OU « TRANSCENDANTE »

dent à s'élever au sommet d'une bureaucratie complexe, sont plus souvent des non-paroxystes que des paroxystes. Dans *Les frères Karamazov*, Dostoïevski exprime cela de manière classique dans le célèbre passage du Grand Inquisiteur.

Ce clivage entre les mystiques et les légalistes, si je peux les appeler ainsi, demeure au mieux une tolérance mutuelle, mais il est advenu au sein de certaines églises que les dirigeants de l'appareil marquent du sceau de l'hérésie les expériences mystiques et persécutent les mystiques eux-mêmes. S'il est monnaie courante dans l'histoire des religions, je tiens à souligner que le phénomène touche bien d'autres domaines et disciplines. Les philosophes professionnels, par exemple, nous offrent aujourd'hui à voir le même type de séparation en une aile droite et une aile gauche. Pour la plupart, les philosophes orthodoxes, officiels, sont l'équivalent des légalistes qui rejettent les problèmes et les données de la transcendance comme « dénués de sens », inutiles. Ce sont des positivistes, des atomistes, des analystes, préoccupés des moyens plus que des fins. Ils affûtent des outils au lieu de découvrir des vérités. Cette engeance offre un contraste saisissant avec un autre groupe de philosophes contemporains, les existentialistes et les phénoménologues qui, eux, voient dans l'expérience la donnée première, par où tout commence.

Une polarité similaire est perceptible en psychologie, en anthropologie et, j'en suis convaincu, dans d'autres disciplines, voire dans toutes les entreprises humaines. Je soupçonne souvent que nous touchons là à une différence profondément constitutionnelle entre individus qui risque de persister fort longtemps, une différence entre les hommes qui pourrait bien être universelle et le demeurer. La tâche qui nous attend, alors, sera d'amener ces deux types d'individus à se comprendre, à s'entendre et même à s'aimer. Voilà qui n'est pas sans évoquer les relations entre les hommes et les femmes qui sont si différents et qui doivent pourtant vivre ensemble et même s'aimer. (Je reconnais que la tâche serait presque impossible avec les poètes et les critiques littéraires, les compositeurs et les critiques musicaux, etc.)

Pour résumer, il semble très probable que l'expérience paroxystique soit le modèle de la révélation religieuse ou de la conversion ou illumination religieuse, qui a joué un si grand rôle dans l'histoire des religions. Mais, parce que les expériences paroxystiques appartiennent au monde naturel et parce que nous pouvons les étudier, et parce que notre connaissance de ces expériences ne cesse de grandir et continuera de grandir, il nous est désormais légitimement permis d'espérer mieux comprendre ces grandes révélations et illuminations sur lesquelles les religions historiques ont été fondées.

(Sans oublier une nouvelle possibilité pour l'investigation scientifique de la transcendance. Au cours des dernières années, preuve a été faite que certaines drogues dites « psychédéliques », en particulier le LSD et la psilocybine, nous laissent entrevoir la possibilité de contrôler ces expériences paroxystiques. Il semblerait que ces drogues produisent souvent des expériences de cet ordre chez les bons individus dans les bonnes conditions, ce qui signifierait que nous ne serions plus obligés d'attendre qu'elles surviennent au petit bonheur la chance. Il deviendrait ainsi envisageable de provoquer une expérience paroxystique individuelle sous observation et chaque fois que nous le souhaitons, dans un contexte religieux ou non. Nous serions alors en mesure d'étudier l'expérience d'illumination ou révélation à l'instant même de sa naissance. Plus important encore, ces drogues, et peut-être aussi l'hypnose, pourraient être utilisées pour produire une expérience paroxystique avec une révélation religieuse première chez des non-paroxystes, jetant ainsi un pont sur l'abîme qui sépare ces deux moitiés distinctes du genre humain.)

Ou encore, pour dire les choses autrement : les éléments tangibles qui nous sont fournis par les expériences paroxystiques nous permettent d'envisager l'expérience religieuse ou transcendante essentielle, intrinsèque, fondamentale, comme une expérience totalement intime et personnelle qui peut difficilement être partagée (sauf avec d'autres l'ayant connue). En conséquence de quoi, tout le fourbi de la religion organisée – lieux et personnel, rituels, dogmes, cérémonies spécialisées et ainsi de suite – est, pour le paroxyste, secondaire, périphérique et d'une valeur douteuse par rapport à l'expérience transcendante ou religieuse intrinsèque et essentielle. Qui sait même si tout ce tralala n'est pas néfaste de diverses manières. Du point de vue de l'expériant, ou paroxyste, chaque individu a sa propre religion intime, qu'il développe à partir de ses révélations, révélations par lesquelles lui sont donnés ses mythes et symboles, rituels, cérémonies qui peuvent revêtir la plus profonde signification pour lui et être pourtant totalement idiosyncrasiques, et donc dénués de sens pour n'importe qui d'autre. Mais pour dire les choses encore plus simplement, chaque paroxyste découvre, développe et cultive sa propre religion [87].

En outre, il semble émerger de cette nouvelle source de données que cette expérience religieuse première, essentielle, peut être indifféremment enracinée dans un contexte théiste, surnaturel ou dans un contexte non théiste. Cette expérience religieuse intime est commune à toutes les grandes religions du monde, et à ces grands systèmes de pensée que sont le bouddhisme, le taoïsme, l'humanisme ou le confucianisme. De fait, je peux même aller jusqu'à dire que cette expérience intrinsèque est un terrain de rencontre non seulement pour, disons, les chrétiens, les juifs et les mahométans, mais aussi pour les prêtres et les athées, les communistes et les anti-communistes, les conservateurs et les libéraux, les artistes et les scientifiques, les hommes et les femmes, et pour différents types de constitution, c'est-à-dire les athlètes et les poètes, ceux qui pensent et ceux qui font. Nos conclusions indiquent en effet que tous les individus ou presque peuvent avoir des expériences paroxystiques. Les hommes et les femmes ont des expériences paroxystiques, de même que des individus de constitutions très différentes ; il demeure cependant, bien que le contenu de ces expériences soit peu ou prou tel que je l'ai décrit pour tous les êtres humains (voir l'annexe A), que la situation ou l'amorce qui déclenche l'expérience paroxystique pourra être très différente selon les individus, chez les hommes et chez les femmes par exemple. Si les sources de ces expériences diffèrent, leur contenu peut être considéré comme très similaire. De ce point de vue, il apparaît donc que les deux religions du genre humain seraient les paroxystes et les non-paroxystes, d'un côté ceux qui ont facilement et souvent des expériences religieuses premières, intimes, personnelles, transcendantes et qui les acceptent et les utilisent et, de l'autre, ceux qui n'en ont jamais connu ou qui les répriment ou les refoulent et qui, par conséquent, ne peuvent les utiliser à des fins de thérapie personnelle, d'accomplissement ou d'épanouissement.

Chapitre 4

Du danger des organisations pour les expériences transcendantes

Il m'a parfois semblé, lorsque j'interrogeais des individus religieux « non théistes », qu'ils connaissaient davantage d'expériences religieuses (ou transcendantes) que les fidèles des cultes établis. (Cela reste, à ce stade, une impression mais je pense qu'il y a là matière à un projet de recherche digne d'être entrepris.) Cela s'explique en partie par ce qu'ils étaient souvent plus « sérieux » sur le sujet des valeurs, de l'éthique, de la philosophie de vie, de ce qu'ils avaient dû se libérer des croyances conventionnelles et se créer un système de foi propre. D'autres déterminants de ce paradoxe se sont également manifestés à différents moments mais je ne m'y attarderai pas pour l'instant.

La raison pour laquelle je mentionne à présent cette impression (qui sera ou ne sera pas validée, qui relève peut-être d'une simple erreur dans le choix des échantillons, etc.), est qu'elle m'a conduit à réaliser que pour la plupart des individus, une religion conventionnelle fait de la vie un système à deux dimensions : ce qui est religieux et ce qui ne l'est pas. Les expériences du sacré, du saint, du divin, de l'admiration mêlée de crainte, du sentiment d'appartenir à la création, d'abandon, de mystère, de piété, d'humilité, de gratitude, d'abnégation, sous réserve qu'elles se produisent, tendent à être confinées à un jour précis de la semaine, à ne se produire que sous un toit d'une certaine forme, dans certaines circonstances seulement, à dépendre lourdement de la présence de certains stimuli traditionnels, puissants mais intrinsèquement non pertinents, comme la musique d'orgue, l'encens, des chants particuliers, des atours spécifiques et autres catalyseurs arbitraires. Être croyant, ou plutôt se sentir croyant, sous ces auspices ecclésiastiques semble absoudre beaucoup d'individus (la plupart ?) de la nécessité ou du désir de vivre ces expériences en d'autres moments. Habiller de religion une seule partie de la vie conduit inévitablement à séculariser l'autre.

Voilà qui contraste singulièrement avec ce que j'ai pu percevoir : que des personnes « sérieuses » de tous horizons soient capables de faire entrer la religion dans n'importe quelle partie de leur vie, n'importe quel jour de la semaine, en n'importe quel lieu et dans les circonstances les plus diverses, en d'autres termes puissent avoir conscience de ce que Tillich a appelé « la dimension de profondeur ». Naturellement, il ne viendrait pas à l'esprit des individus les plus « sérieux » qui sont non théistes de mettre l'étiquette « expérience religieuse » sur ce qu'ils ont vécu, pas plus que d'employer des mots comme « saint », « pieux », « sacré », etc. D'après ce que j'ai pu observer, cependant, ils ont souvent des « expériences religieuses premières » ou expériences transcendantes lorsqu'ils rapportent connaître des expériences paroxystiques. En ce sens, on pourrait dire d'un artiste de mes amis, homme plein de sensibilité qui se prétend agnostique, qu'il connaît de nombreuses « expériences religieuses » lorsqu'il travaille, et je suis certain qu'il serait d'accord avec moi si je lui soumettais la question.

DU DANGER DES ORGANISATIONS

Quoi qu'il en soit, si l'on creuse ce paradoxe, il cesse d'en être un et tombe bien plutôt sous le sens. Si le « paradis » est toujours à portée de main, prêt à être foulé [70], et si la « conscience unifiée » (avec sa connaissance ontique, sa perception du domaine de l'Être et du sacré et de l'éternel) est toujours une possibilité pour tout individu sérieux et réfléchi, étant dans une certaine mesure sous son contrôle, alors, connaître de telles expériences religieuses premières ou transcendantales est aussi dans une certaine mesure sous notre propre contrôle [54], même en dehors des expériences paroxystiques. (Avoir suffisamment d'expériences paroxystiques au cours desquelles émerge la connaissance ontique peut conduire à la probabilité d'accéder à cette connaissance *sans* expérience paroxystique.) J'ai aussi pu, par des conférences et des écrits, apprendre, transmettre la connaissance ontique et la conscience unifiée à certains étudiants tout du moins. Il est possible en principe, pourvu que l'on en développe une compréhension appropriée, de transformer des activités-moyens en activités-fins, « d'ontologiser » [66] pour ainsi dire ; voir volontairement sous l'aspect de l'éternité, voir le sacré et le symbolique dans et *par* la circonstance individuelle présente.

Qu'est-ce qui empêche cette connaissance d'être réalisée ? Toutes les forces qui, de manière générale, nous diminuent, nous altèrent ou qui nous font régresser : l'ignorance, la douleur, la maladie, la peur, « l'oubli », la dissociation, la réduction au concret, la neurasthénie, etc. Ne pas connaître d'expériences religieuses premières s'apparente ainsi à un état « inférieur », moindre, un état dans lequel nous ne fonctionnons pas « à plein », pas à notre meilleur, dans lequel nous ne sommes pas pleinement humains, pas suffisamment unifiés. Quand nous sommes bien et en bonne santé et que nous remplissons pleinement le concept d'être humain, alors les expériences de transcendance doivent en principe être monnaie courante.

Dès lors, peut-être pouvons-nous à présent considérer comme une réalité, en rien surprenante, ce qui m'est d'abord apparu comme un paradoxe. J'avais remarqué quelque chose qui ne m'avait jamais frappé auparavant, à savoir que la religion conventionnelle peut facilement se ramener à une désacralisation d'une grande part de la vie. Elle peut conduire à une séparation binaire de la vie en ce qui est transcendant et ce qui est profane, séculier, et, partant, enfermer chacun de ces pôles dans sa bulle et les séparer dans le temps, l'espace, les concepts et les expériences. C'est en contradiction manifeste avec ce qu'il se produit réellement au cours des expériences paroxystiques. Cela contredit même les versions religieuses traditionnelles des expériences mystiques, sans parler des expériences d'éveil, de Nirvana et autres versions orientales des expériences paroxystiques et mystiques. Car toutes conviennent que le sacré et le profane, le religieux et le séculier, ne sont pas séparés l'un de l'autre. Il faut donc croire que c'est l'un des dangers des versions légalistes et organisées de la religion de tendre à réprimer les expériences paroxystiques, transcendantes, mystiques, naturelles ou toute autre expérience religieuse première et de les rendre moins susceptibles de se produire ; le degré d'organisation religieuse pourrait être négativement corrélé à la fréquence des expériences « religieuses ».[1] Et on pourrait alors imaginer que les religions conventionnelles soient même utilisées comme des défenses et des remparts contre les expériences de transcendance bouleversantes.

Il se pourrait bien qu'il existe aussi une autre relation inverse entre le degré d'organisation et l'expérience transcendante religieuse – au moins pour certains individus (c'est néanmoins un danger *potentiel* pour tous). Car comment ne pas être frappé par le contraste entre, d'un côté, le type vivant, poignant, déstabilisant, paroxystique d'expériences religieuses ou transcendantes que j'ai décrites et, de l'autre, les réponses indifférentes, habituelles, stéréotypées, distraites, automatiques, qui sont dites « religieuses » par un grand nombre de personnes (pour la simple raison qu'elles interviennent dans des circonstances familières dénommées « religieuses ») ? C'est bien à un problème universel, « existentiel » que nous sommes confrontés ici. La familiarisation et la répétition engendrent un affaiblissement de l'intensité et de la profondeur de la conscience, même si elles sont aussi sources de préférence, de sécurité, de confort, etc. [55]. La familiarisation, en un mot, rend superflu de participer, de penser, d'éprouver, de vivre pleinement, de connaître intensément. Cela est vrai non seulement dans le domaine de la religion mais aussi dans ceux de la musique, de l'art, de l'architecture, du patriotisme et jusque dans la nature elle-même.

À supposer que la religion organisée ait le moindre impact autre qu'instrumental, c'est à travers son pouvoir d'ébranler l'individu au plus profond de lui-même. Les mots peuvent être répétés stupidement et sans toucher les profondeurs de l'individu, aussi vraie ou belle leur signification soit-elle, ce qui est vrai de toute action symbolique quelle qu'elle soit, comme le salut du drapeau par exemple, ou de tout rituel, cérémonie ou mythe. Tous ces mots et ces gestes symboliques *peuvent* avoir des effets très importants sur la personne et, à travers elle, sur le monde. Mais cela n'est vrai que si la personne en fait l'expérience, les vit vraiment. Alors seulement prennent-ils sens et effet.

C'est là probablement une autre des raisons pour lesquelles les expériences transcendantes semblent se produire plus fréquemment chez les personnes qui ont rejeté la religion de leur naissance, pour s'en créer une pour elles-mêmes (qu'elles l'appellent ainsi ou non). Ou, pour être plus prudent, c'est ce qui semble se produire parmi la population de mon échantillon, principalement composé d'étudiants. Ce problème ne concerne pas seulement les organisations religieuses conservatrices mais aussi les organisations religieuses libérales, et toute organisation quelle qu'elle soit.

Et le jour viendra où les éducateurs et les pédagogues seront eux aussi directement concernés, lorsqu'ils seront finalement contraints d'essayer d'enseigner la spiritualité et la transcendance. L'éducation patriotique dans ce pays a été terriblement décevante pour les Américains les plus profondément patriotes, à tel point que ce sont eux justement qui sont susceptibles d'être appelés non-Américains. Les rites, les cérémonies, les mots, les formules peuvent en toucher certains mais ils ne touchent pas le plus grand nombre si leurs significations n'ont pas été profondément comprises et vécues. Clairement, le dessein de l'éducation dans ce domaine doit être formulé en termes d'expériences intérieures, subjectives à chaque individu. Sauf à savoir susciter de telles expériences, on ne peut dire de l'enseignement des valeurs qu'il a atteint son véritable objectif. [2]

Chapitre 5

Espoir, scepticisme et nature supérieure de l'homme

Considérer – comme nous sommes de plus en plus nombreux à le faire – que les valeurs spirituelles les plus élevées admettent des sanctions naturelles et que les sanctions surnaturelles de ces valeurs ne sont donc pas nécessaires, nous oblige à revisiter et à réviser un certain nombre de questions. Ainsi : d'où vient que la bonté, l'altruisme, la vertu et l'amour aient eu besoin de sanctions surnaturelles ?

Naturellement, la question des origines des religions comme sanctions des conduites, de l'éthique, est extrêmement complexe et je n'entends certes pas la traiter ici de manière superficielle. Mais je veux apporter au débat un élément directement issu des travaux les plus récents de la nouvelle « troisième » psychologie : celui de la « nature supérieure » de l'homme, dont la démonstration n'avait jamais été poussée aussi loin. Si nous nous penchons sur les conceptions religieuses de la nature humaine – et le fait est que point n'est besoin de regarder très loin en arrière puisqu'on trouve la même doctrine chez Freud – il devient limpide que toute doctrine de la dépravation innée de l'homme, ou toute vision maligne de sa nature animale, conduit très facilement à une interprétation supra-humaine de la bonté, de la sainteté, de la vertu, du sacrifice de soi, de l'altruisme, etc. Si ces qualités ne peuvent être expliquées depuis l'intérieur de la nature humaine – et puisqu'il faut les expliquer – alors, elles doivent l'être depuis l'extérieur de la nature humaine. Plus l'homme est mauvais, plus il est envisagé comme une pauvre chose, plus le dieu devient nécessaire. On comprend mieux dès lors que la désaffection pour les sanctions surnaturelles trouve en partie sa source dans une foi toujours plus grande dans les possibilités supérieures de la nature humaine (sur la base de connaissances nouvelles). [1] L'explication naturelle est plus parcimonieuse et, par conséquent, plus satisfaisante pour l'éducation des hommes, que ne l'est l'argument surnaturel. Celui-ci apparaît donc comme une fonction inverse du premier.

Ce processus, cependant, a ses coûts ; en particulier, je suppose, pour les tranches les moins averties de la population, ou en tout cas pour celles qui sont religieuses de la manière la plus orthodoxe. Pour elles, comme Dostoïevski, Nietzsche et d'autres l'ont clairement perçu, « si Dieu est mort, alors tout est permis, tout est possible ». Si la seule sanction des valeurs « spirituelles » est surnaturelle, ébranler cette sanction ébranle toutes les valeurs supérieures.

Nous en avons été témoins au cours des dernières décennies, en ces heures où la science positiviste – qui est pour beaucoup la seule théorie de la science – s'est aussi révélée être une source pour le moins médiocre de valeurs et d'éthique. La foi dans le millénaire rationaliste a été détruite. Cette foi que le progrès éthique était le fruit inévitable des progrès de la connaissance du monde naturel et des fruits technologiques de ces progrès est morte avec la Première Guerre mondiale, avec Freud, avec la Dépression, avec la bombe atomique. Plus troublante peut-être encore, en tout cas pour le psychologue, a été la découverte récente [61] que l'abondance, la richesse matérielle elle-même, éclaire de la lumière la plus crue la faim spirituelle, éthique, philosophique du genre humain. (Car désirer quelque chose dont on manque conduit inévitablement l'individu à avoir le sentiment que la vie a un sens et qu'elle vaut d'être vécue. Mais lorsqu'on ne manque de rien et que l'on a rien à désirer, alors... ?)

Ainsi sommes-nous confrontés à cette situation étrange que de nombreux intellectuels, pour témoigner du scepticisme le plus total, n'en sont pas moins pleinement conscients de cette aspiration à une foi ou à une croyance quelconque et sont également conscients des conséquences spirituelles (et politiques) terribles lorsque cette aspiration n'est pas satisfaite. [2]

Un nouveau langage nous est offert pour décrire la situation, des mots comme anomie, anhédonie, déracinement, pathologie des valeurs, absence de sens, ennui existentiel, famine spirituelle, hétérodétermination, névroses de la réussite, etc. (voir l'annexe E).

La plupart des psychothérapeutes seraient d'accord pour reconnaître qu'une large proportion de la population de tous les pays riches – pas seulement l'Amérique – est aujourd'hui confrontée à cette situation de perte de valeurs ; pourtant, ces mêmes thérapeutes parlent toujours, de manière aussi superficielle que symptomatique, de névroses du caractère, d'immaturité, de délinquance juvénile, de complaisance, etc.

Une nouvelle approche de la psychothérapie, la thérapie existentielle, est en train de se développer pour répondre à cette situation. Mais au total, puisque la thérapie ne peut être pratiquée à l'échelle des masses, la plupart des individus restent prisonniers de cette situation et mènent des vies minables, tant sur le plan personnel que sur le plan relationnel. Une petite proportion « retourne dans le giron de la religion traditionnelle », bien que la plupart des observateurs s'accordent pour dire que ce retour ne prête guère à un enracinement profond.

Mais d'autres encore, en petit nombre eux aussi, sont en train de trouver dans les nouvelles intuitions de la psychologie une autre possibilité de foi positive, naturelle, une « foi commune » comme l'a appelée John Dewey, « une foi humaniste » comme l'appelle Erich Fromm, la psychologie humaniste comme beaucoup d'autres la nomment désormais (voir l'annexe B). Souvenons-nous ici de cette phrase de John MacMurray : « Nous sommes au point de l'histoire où il devient possible pour l'homme d'adopter consciemment comme projet celui-là qui est inhérent à sa propre nature » (cité dans *Man and God*, éd. V. Gollancz, Boston, Houghton Mufflin Co., 1951, p. 49). Il existe même une revue hebdomadaire, *Manas*, qui peut être considérée comme un organe au service de ce nouveau type de foi et de cette nouvelle psychologie.

Chapitre 6

Science, libres croyants et athées

La science objectiviste, sans valeurs, du XIXe siècle s'est au total révélée être aussi une bien piètre fondation pour les athées, les agnostiques, les rationalistes, les humanistes et autres non-croyants, de même que pour les « libres » croyants, unitariens et universalistes par exemple. La science orthodoxe et la religion libérale et non théiste, excluent toutes deux trop de choses précieuses aux êtres humains. Dans leur révolte contre les églises organisées, institutionnalisées, elles ont involontairement faite leur la dichotomie immature, naïve entre la religion traditionnelle (comme seul véhicule des valeurs) d'une part et, d'autre part, une science totalement mécaniste, réductionniste, objectiviste, neutre, sans valeurs. À ce jour, les libres croyants ne jurent que par les sciences naturelles qui leur semblent d'une certaine manière plus « scientifiques » que les sciences psychologiques sur lesquelles ils devraient se fonder mais auxquelles ils n'ont quasiment pas recours (sauf dans leurs versions positivistes).

Ainsi, le plus souvent, les libres croyants s'attachent-ils à la connaissance du monde impersonnel et non aux sciences de l'individu. Ils mettent en avant le savoir rationnel et sont mal à l'aise avec l'irrationnel, l'anti-rationnel, le non-rationnel, comme si Freud, Jung et Adler n'avaient jamais existé. Dès lors, ils ne reconnaissent rien, dans leurs doctrines, d'un inconscient subjectif, du refoulement ou des processus de défense en général, des résistances à la connaissance de soi, des impulsions, qui sont autant de déterminants du comportement et sont pourtant ignorés de l'individu lui-même. Tout comme les psychologues positivistes, ils sont bien plus à l'aise avec le cognitif qu'avec l'émotionnel, l'impulsif, le volitif. Ils ne font aucune place fondamentale dans leurs systèmes au mystérieux, à l'inconnu, à l'inconnaissable, à ce qu'il est dangereux de connaître ou à l'ineffable. Ils ignorent totalement l'ancienne et riche littérature basée sur les expériences mystiques. Ils n'ont aucune place non plus dans leurs systèmes pour les buts, les fins, les désirs, les aspirations et les espoirs, sans parler de la volonté ou de l'intentionnalité. Ils ne savent pas quoi faire du vécu, du subjectif et du phénoménologique sur lesquels insistent tant les existentialistes, et aussi les psychothérapeutes. L'inexact, l'illogique, le métaphorique, le mythique, le symbolique, le contradictoire ou conflictuel, l'ambigu, l'ambivalent sont considérés comme « inférieurs » ou « pas bons », c'est-à-dire comme devant « progresser » vers la rationalité et la logique pures. Ils ne voient pas que ce sont là des caractéristiques de l'être humain à ses plus hauts niveaux de développement aussi bien qu'à ses plus bas, et qu'on peut les apprécier, les utiliser, les aimer, bâtir à partir d'elles au lieu de se borner à les balayer sous le tapis. De même n'est-il pas suffisamment admis que les « bonnes » comme les « mauvaises » impulsions peuvent être refoulées.

Ils ne reconnaissent rien, non plus, des expériences d'abandon, de révérence, de dévotion, d'abnégation, d'humilité et d'oblation, de crainte admirative et du sentiment d'être peu de chose. Ces expériences, que les religions organisées se sont toujours efforcées de rendre possibles, sont également très courantes dans les expériences paroxystiques et les expériences de connaissance ontique, jusqu'à des impulsions à s'agenouiller, à se prosterner et même à l'adoration. Mais tout cela est absent des systèmes athéistes et des systèmes des théistes libéraux. Cela revêt d'autant plus d'importance aujourd'hui où la perte de repères et de valeurs dans notre société est telle que nous l'avons décrite : les gens n'ont rien à admirer, rien pour quoi se sacrifier, à quoi s'abandonner, pour quoi mourir. [1] Ce gouffre demande à être comblé. Peut-être même s'agit-il d'un besoin de l'ordre de l'instinct. Toute ontopsychologie ou toute religion, c'est bien le moins, doit satisfaire ce besoin.

Le résultat ? Une philosophie de la vie maussade, ennuyeuse, qui n'enthousiasme ni ne passionne, froide, qui échoue à faire ce que les religions traditionnelles ont essayé de faire quand elles étaient à leur meilleur, inspirer, élever, réconforter, emplir, guider dans le choix des valeurs et distinguer entre le supérieur et l'inférieur, le bon et le moins bon, sans parler de susciter des expériences dionysiaques, de provoquer l'extravagance, la réjouissance, l'impulsivité. Toute religion, libérale ou orthodoxe, théiste ou non théiste, ne doit pas être seulement intellectuellement crédible et moralement digne de respect, mais elle doit aussi être émotionnellement satisfaisante (et j'inclus aussi ici les émotions transcendantes).

Dès lors, on ne s'étonnera pas que les religions libérales et les groupes semi-religieux exercent si peu d'influence quand bien même leurs membres comptent parmi les tranches les plus intelligentes et les plus capables de la population. Il en sera ainsi aussi longtemps qu'ils se fonderont sur une image bancale de la nature humaine, qui omet l'essentiel de ce que les être humains estiment, apprécient et chérissent en eux-mêmes, en fait, ce pour quoi ils vivent et ce qu'ils refusent qu'on leur enlève.

La théorie de la science qui permet et encourage l'exclusion d'une telle part du vrai, du réel, de l'existant ne peut être considérée comme une science exhaustive. Elle ne rend pas compte de tout ce qui fait le réel ; toutes les données ne sont pas prises en compte. Au lieu de dénigrer ces données nouvelles au motif qu'elles ne « sont pas scientifiques », le temps n'est-il pas venu de penser autrement et de changer la définition de la science pour qu'elle puisse les inclure ? (Voir les annexes D et I.)

Certains croyants libéraux et athées perspicaces passent aujourd'hui par une « réévaluation pénible » très similaire à celle que vivent souvent leurs coreligionnaires plus orthodoxes, à savoir la perte de la foi en leurs croyances fondatrices. De même que nombre d'intellectuels perdent foi en la religion orthodoxe, ils perdent eux la foi en la science positiviste comme façon de vivre. Dès lors, ils expérimentent eux aussi le sentiment de la perte, la soif de croire, le besoin d'un système de valeurs, l'absence de valeurs et le désir simultané de valeurs que l'on retrouve chez tant de nos concitoyens en cet « âge de désir » [6] (voir également l'annexe E). Je suis persuadé que ce besoin peut être satisfait par une science plus large, plus inclusive, une science qui intègre les données de la transcendance. [2]

Non seulement les religions libérales et les systèmes non théistes doivent-ils accepter et s'appuyer sur tous ces aspects négligés de la nature humaine s'ils veulent avoir le moindre espoir de satisfaire des besoins humains parfaitement légitimes, mais encore devront-ils, si ces systèmes de valeurs veulent prétendre accomplir la tâche ultime de toute institution sociale – encourager la pleine actualisation et la réalisation de l'humanité la plus élevée et la plus entière – s'aventurer dans des champs de pensée encore plus étranges. Par exemple, des concepts aussi purement « religieux » que le sacré, l'éternel, le paradis et l'enfer, la mort juste et que sais-je encore sont grignotés par les enquêteurs naturalistes les plus hardis. Et rien ne dit que ces concepts ne seront pas ramenés eux aussi dans le monde des hommes. Dans tous les cas, les connaissances sont aujourd'hui suffisantes pour que j'aie le sentiment de pouvoir avancer en toute confiance que ces concepts ne sont pas de simples hallucinations, illusions ou délires ou, de manière plus juste, qu'ils ne doivent pas l'être. Ils peuvent avoir et ont des référents dans le monde réel.

Je suis pour ma part fort mal à l'aise, et même angoissé, des confusions sémantiques qui nous attendent – que dis-je, qui sont déjà là – quand tous les concepts qui ont été traditionnellement « religieux » seront redéfinis puis utilisés d'une manière très différente. Même le mot « dieu » est défini aujourd'hui par de nombreux théologiens comme excluant la conception d'une personne avec une forme, une voix, une barbe, etc. Si Dieu vient à être défini comme « l'Être en tant qu'être » ou « le principe intégrateur de l'univers » ou « le tout de tout » ou « le sens du cosmos » ou de toute autre manière non « incarnée », alors contre quoi se battront les athées ? Il est parfaitement envisageable qu'ils adhèrent à la conception de Dieu comme « principe intégrateur » ou « principe d'harmonie ».

Et si, comme cela s'est trouvé lors d'une tribune, Paul Tillich définit la religion comme « préoccupée des préoccupations ultimes » et puis que je définis la psychologie humaniste de la même manière, alors quelle est la différence entre un « surnaturaliste » et un humaniste ?

La grande leçon qui doit être retenue ici, par les non théistes et les croyants libéraux mais aussi par les surnaturalistes, les scientifiques et les humanistes, est que le mystère, l'ambiguïté, ce qui est illogique, la contradiction, les expériences mystiques et transcendantes peuvent désormais être considérés comme partie intégrante du domaine de la nature. Ces phénomènes ne doivent pas nous conduire à postuler d'autres variables et déterminants surnaturels. Même l'inexpliqué et ce qui reste aujourd'hui inexplicable, comme la perception extrasensorielle par exemple, ne le doivent point. Et il n'est plus pertinent de les reconnaître seulement comme des expériences morbides. L'étude des individus accomplis nous a appris qu'il en était autrement [59, 67].

L'autre côté de la médaille exige lui aussi d'être examiné. L'un des aspects les plus irritant de la science positiviste est son arrogance, si je puis dire, ou peut-être son manque d'humilité. Le pur scientifique, venu tout droit du XIXe siècle, fait figure d'enfant babillard aux yeux des individus de quelque culture tant il est suffisant, sûr de lui, tant il ne sait pas combien peu il sait, combien le savoir scientifique est limité quand on le compare au vaste inconnu.

Cela s'applique avec plus de puissance encore au psychologue dont le ratio savoir/mystère doit bien être le plus faible de tous les scientifiques. Je suis parfois tellement impressionné par tout ce qui nous reste à apprendre que je pense que la meilleure définition du psychologue n'est pas celui qui connaît les réponses mais celui qui se débat avec les questions.

Peut-être parce qu'il est aussi innocemment inconscient de sa petitesse, de la faiblesse de son savoir, de l'étroitesse de son parc à jouer ou de la petitesse de sa portion du cosmos, et parce qu'il présume tellement de ses limites étroites, le psychologue me rappelle ce petit garçon qui se tenait, incertain, à un coin de rue avec un baluchon sous le bras. Un passant intrigué lui demanda où il allait et il répondit qu'il s'enfuyait de chez lui. Pourquoi restait-il là à attendre au coin de la rue ? Il n'avait pas la permission de traverser !

Admettre le concept d'une expérience religieuse naturelle, générale, élémentaire, c'est comprendre qu'il réformera aussi l'athéisme, l'agnosticisme et l'humanisme. Ces doctrines n'auront été, au total, qu'un rejet des églises ; et elles sont tombées dans le piège d'identifier la religion aux églises, une erreur lourde de conséquences, nous l'avons vu. Elles ont jeté trop de choses par-dessus bord, comme nous sommes à présent en train de le découvrir. L'alternative vers laquelle se sont tournés ces systèmes a été la science pure, positiviste, le pur rationalisme, quand ils ne se sont pas contentés d'attaques négatives des églises organisées. Moins une solution au problème qu'une manière de l'éluder. Mais s'il peut être démontré que les questions religieuses (qui ont été rejetées avec les églises) sont des questions valides, que ces questions sont presque les mêmes que ces préoccupations ultimes, graves, profondes et sérieuses dont parle Tillich et que celles par lesquelles je définirais la psychologie humaniste, alors ces sectes humanistes pourraient devenir bien plus utiles au genre humain qu'elles ne le sont aujourd'hui.

De fait, il se pourrait qu'elles deviennent très semblables aux organisations de l'église réformée. On peut entrevoir qu'il n'y aurait guère de différence entre elles à long terme, si les deux groupes acceptaient l'importance et la réalité premières des révélations personnelles fondamentales (et leurs conséquences) et s'ils s'accordaient pour considérer tout le reste comme des caractéristiques secondaires, périphériques et superflues, non fondamentales, de la religion, alors ils pourraient se consacrer à l'examen de la révélation personnelle – l'expérience mystique, l'expérience paroxystique, l'illumination personnelle – et aux connaissances de l'Être qui en résultent.

Chapitre 7

Une éducation sans valeurs ?

Cette vision dichotomique des choses – faire des religions organisées les gardiennes de toutes les valeurs, opposer savoir et religion, considérer la science comme étrangère à toute valeur, et s'efforcer de la rendre telle – n'a pas manqué de marquer de ses errances la sphère de l'éducation. Le moins que l'on puisse dire, et c'est encore charitable, est que l'éducation américaine est tiraillée et confuse quant à ses objectifs et desseins ultimes. Mais pour ce qui est de nombreux éducateurs, et sans prendre de gants cette fois, ils semblent avoir purement et simplement renoncé à tout objectif d'envergure, ou en tout cas s'y emploient-ils avec la dernière énergie. À croire qu'ils veulent que l'éducation soit une formation purement technologique en vue de l'acquisition de compétences, une éducation à peu de choses près sans valeur ou amorale (dans le sens d'être utile au bien comme au mal et aussi dans le sens d'échouer à développer la personnalité).

Il y a aussi beaucoup de pédagogues qui *semblent* ne pas être d'accord avec cette emphase technologique, qui insistent sur l'acquisition d'un pur savoir et qui ont le sentiment que c'est là le cœur de l'éducation libérale et l'opposé de la formation technologique. Mais il me semble à moi que nombre de ces éducateurs s'emmêlent aussi un peu les pinceaux et qu'il en sera ainsi aussi longtemps qu'ils ne seront pas clairs sur la valeur ultime de l'acquisition d'un pur savoir. Il m'apparaît que l'on a trop souvent conféré au savoir une sorte de valeur fonctionnellement autonome, pour lui-même, comme c'était le cas par exemple du latin et du grec pour les jeunes gens et du français et de la broderie pour les jeunes filles. Pourquoi en était-il ainsi ? Parce que c'était comme ça, de la même manière que quelqu'un a récemment défini une célébrité comme quelqu'un qui est connu pour être connu. Ces passages obligés ont pu avoir quelque validation fonctionnelle à leur commencement, mais il y a belle lurette que ces raisons ont été dépassées. Il faut y voir un exemple d'« autonomie fonctionnelle » au sens où l'entend Allport : la connaissance est devenue indépendante de ses origines, de ses mobiles, de ses fonctions. Elle s'est banalisée pour finalement se justifier elle-même. Elle tend à persister, bien qu'elle soit non fonctionnelle, voire anti-fonctionnelle, bien qu'elle frustre (au lieu de les satisfaire) les besoins qui lui ont initialement donné vie.

Mais peut-être convient-il plutôt ici, par souci de clarté, d'aborder le sujet sous l'angle des buts ultimes de l'éducation. Selon la nouvelle troisième psychologie (voir l'annexe B), le but ultime de l'éducation – et de la psychothérapie, de la vie familiale, du travail, de la société, de la vie elle-même – est d'aider la personne à accomplir sa pleine humanité, à réaliser et actualiser ses potentialités les plus élevées, à atteindre sa stature la plus élevée. En un mot, l'éducation devrait aider l'individu à devenir le meilleur de ce qu'il est capable d'être, à devenir réellement ce qu'il est profondément à l'état de potentialités. Ce que nous appelons une croissance harmonieuse est la croissance vers ce but final. Et si c'est là la direction vectorielle de l'éducation – le cadrant du compas vers lequel elle bouge, le dessein qui lui confère valeur et sens et qui la justifie – alors, nous disposons du même coup d'une pierre de touche par laquelle différencier les bons instruments des mauvais, les moyens fonctionnels des moyens non fonctionnels, le bon enseignement du mauvais, les bons cours des mauvais, les bons programmes des mauvais. Dès lors que nous pouvons distinguer clairement les bienfaits des instruments de leurs méfaits, des milliers de conséquences en découlent. (Pour les justifications empiriques de cette approche, voir l'annexe H.)

Une autre conséquence de cette nouvelle vision des buts et des valeurs suprêmes de l'homme est qu'elle vaut pour tout et chaque être humain. Qui plus est, elle vaut depuis l'instant de la naissance jusqu'à l'instant de la mort, et même avant la naissance et après la mort dans certains sens très réels. Par conséquent, si l'éducation dans une démocratie est forcément considérée comme aidant chaque individu (et pas seulement une élite) sur la voie de l'accomplissement de sa pleine humanité, alors, en principe, l'éducation est proprement une proposition universelle, omniprésente, pour toute la vie. Cela suppose l'éducation des simples d'esprit aussi bien que des individus intelligents. L'éducation des adultes aussi bien que des enfants. Et cela implique que l'éducation ne soit certainement pas confinée aux salles de cours.

Et maintenant, je pense qu'il doit être clair qu'aucun sujet, aucune discipline, n'est un élément sacré et éternel d'un programme établi pour toujours, ainsi des arts par exemple. Toute discipline que nous enseignons peut ne peut pas être la bonne pour certains. Essayer d'enseigner l'algèbre à un crétin est stupide, ou la musique à quelqu'un qui n'a pas l'oreille musicale, ou la peinture à un daltonien et, peut-être même, les arcanes des sciences impersonnelles à celui qui s'intéresse aux choses de la personne. De tels efforts ne sont pas en harmonie avec l'individu et, partant, se solderont donc, au moins pour partie, par une perte de temps.

Bien d'autres aberrations pédagogiques sont les conséquences indirectes inévitables de la confusion philosophique et axiologique qui règne actuellement dans l'éducation. Vouloir s'affranchir de toute valeur, vouloir être purement technologique (les moyens sans les fins), vouloir ne s'en remettre qu'à la tradition ou à l'habitude (les vieilles valeurs en l'absence de valeurs vivantes), définir l'éducation comme un endoctrinement seulement (la fidélité aux valeurs décrétées plutôt qu'à ses propres valeurs) – autant de confusions des valeurs, d'échecs philosophiques et axiologiques. Échecs qui, inévitablement, nourrissent toutes les distorsions que nous connaissons, des idioties comme le diplôme universitaire à l'issue de quatre ans d'études [1], les UV [2], les matières obligatoires qui ne souffrent aucune dérogation [3], etc. Identifier clairement les valeurs ultimes permet aisément d'éviter de telles incohérences entre les moyens et les fins. Mieux nous savons quelles finalités nous recherchons, plus il nous est facile de créer des moyens réellement efficaces pour les atteindre. Si nous ne sommes pas clairs au sujet de ces fins, ou nions qu'il y en ait, alors nous sommes condamnés à la confusion des instruments. Nous ne pouvons parler d'efficacité si nous ne savons pas d'efficacité pour quoi. (Je souhaite citer à nouveau ce véritable symbole de notre temps, le pilote d'essai qui dit dans sa radio : « Je suis perdu mais je fais un temps record. »)

La conclusion qui s'impose est que l'éducation – comme toutes nos institutions sociales – doit se préoccuper de ses valeurs ultimes. Et que sont ces valeurs ultimes sinon ce que nous appelons « valeurs spirituelles » ou « valeurs supérieures » ? Nous tenons là les principes de choix qui peuvent nous aider à répondre aux questions « spirituelles » (philosophiques ? religieuses ? humanistes ? éthiques ?) vieilles comme le monde : Qu'est-ce que la vie de bien ? L'homme de bien ? La femme de bien ?

UNE ÉDUCATION SANS VALEURS ?

Qu'est-ce que la société de bien et quelle est ma relation avec elle ? Qu'est-ce que la justice ? La vérité ? La vertu ? Quelle est ma relation à la nature, la mort, la vieillesse, la souffrance, la maladie ? Comment puis-je vivre une vie passionnante, agréable, riche ? Quelle est ma responsabilité à l'égard de mes frères ? Qui sont mes frères ? À quoi dois-je être fidèle ? À quoi dois-je être prêt à sacrifier ma vie ?

Longtemps, les réponses à toutes ces questions ont été le fait des religions organisées, chacune à sa manière. Et puis lentement, ces réponses en sont venues à être de plus en plus fondées sur des faits naturels, empiriques, et de moins en moins sur la coutume, la tradition, les « révélations », les textes sacrés, les interprétations d'une classe sacerdotale. Ce que j'ai voulu souligner dans cet essai, c'est que ce processus de confiance accrue dans les faits naturels comme guides pour les décisions de la vie pénètre aussi aujourd'hui le domaine des « valeurs spirituelles ». En partie du fait de nouvelles découvertes mais en partie aussi parce qu'un nombre croissant d'entre nous réalisent que la science du XIXe siècle demande à être redéfinie, reconstruite, élargie pour être adaptée à cette nouvelle tâche. La reconstruction est en cours.

Et si l'éducation veut bien se fonder sur les connaissances naturelles et scientifiques, plutôt que sur la tradition, la coutume, les croyances *a priori* et les préjugés de la communauté et de l'*establishment* religieux traditionnel, alors puis-je espérer qu'elle aussi changera, intégrant progressivement ces valeurs ultimes dans sa juridiction.

Chapitre 8

Conclusion

Il y a, alors, un chemin sur lequel tous les individus de bonne volonté, profondément « sérieux », « préoccupés des fins », peuvent voyager ensemble sur une très longue distance. Ce n'est qu'au bout que le chemin bifurque et qu'ils doivent se séparer en désaccord. Pratiquement tout ce que Rudolf Otto [78], par exemple, définit comme caractéristique de l'expérience religieuse – le saint ; le sacré ; le sentiment d'appartenir à la création ; l'humilité ; la gratitude et l'oblation ; l'action de grâce ; l'admiration et le respect face au *mysterium tremendum* ; le sens du divin, de l'ineffable ; le sentiment d'insignifiance face au mystère ; le très haut et le sublime ; la conscience de limites et même de l'impuissance ; l'impulsion à s'abandonner et à s'agenouiller ; le sentiment de l'éternel et de la fusion avec tout l'univers ; et jusqu'à l'expérience du paradis et de l'enfer –, toutes ces expériences peuvent être admises comme réelles par les ecclésiastiques aussi bien que par les athées. Et il leur est aussi possible à tous d'admettre en principe l'esprit empirique et les méthodes empiriques et de reconnaître humblement que la connaissance n'est pas achevée, qu'elle doit croître, qu'elle s'inscrit dans le temps et dans l'espace, dans l'histoire et dans la culture, et que, bien qu'elle dépende des pouvoirs et des limites de l'homme, elle peut encore s'approcher plus près de « La Vérité » qui ne dépend pas de l'homme.

Cette route peut être parcourue ensemble par tous ceux qui n'ont pas peur de la vérité, pas seulement les théistes et les non théistes, mais aussi par les individus de toute conviction politique et économique, les Russes et les Américains, par exemple.

Que restera-t-il, alors, du désaccord ? Rien de plus, semble-t-il, que le concept d'êtres surnaturels ou de lois ou forces surnaturelles ; et je dois avouer que mon sentiment est que, lorsque cet embranchement sera atteint, cette différence n'aura guère de conséquences majeures sauf pour la convenance personnelle de l'individu. Même l'acte social d'appartenir à une église devra être un acte privé, intime, sans grande conséquence sociale ou politique, lorsque le pluralisme religieux aura été accepté, lorsque toute religion sera considérée comme une structure locale, en termes locaux, de l'expérience religieuse première, transcendante, commune à l'ensemble de l'espèce.

Non seulement cela mais l'on constate également que les grands théologiens et les individus avertis en général définissent de plus en plus leur dieu non comme une personne mais comme un principe, une *Gestalt* de l'Être dans sa totalité, une puissance intégrative qui exprime l'unité et, partant, le sens de l'univers, la « dimension de profondeur », etc. Au même moment, les scientifiques renoncent à la notion de l'univers comme simple machine, horloge ou amas d'atomes qui se télescopent aveuglément, n'ayant aucune relation entre eux si ce n'est celles de pousser et de tirer, ou comme quelque chose de définitif et d'éternel tel qu'il est, qui n'évolue ni ne croît. (De fait, les théologiens du XIXe siècle voyaient eux aussi le monde de cette manière, comme un ensemble inerte de mécanismes ; sauf qu'eux avaient Quelqu'un pour le mettre en mouvement.)

Ces deux groupes (théologiens évolués et scientifiques évolués) semblent se rapprocher de plus en plus l'un de l'autre dans leur conception de l'univers comme « organisme », possédant unité et intégration, croissant et évoluant et ayant une orientation et, partant, une « signification ». Appeler ou non cette intégration « Dieu » n'est finalement qu'une décision arbitraire et une complaisance de l'individu, déterminées par son histoire personnelle, ses révélations personnelles et ses mythes. John Dewey, qui était agnostique, a choisi pour des desseins stratégiques et de communication de conserver le mot « Dieu », le définissant d'une manière naturelle [14]. D'autres ont décidé de ne pas l'utiliser, également pour des raisons stratégiques. Et nous voici donc face à une situation inédite dans l'histoire du problème, où un bouddhiste « sérieux », pour prendre un exemple, préoccupé des « préoccupations ultimes » et de la « dimension de profondeur » chère à Tillich, est plus proche d'un agnostique « sérieux » que d'un bouddhiste conventionnel, superficiel, conformiste pour qui la religion n'est qu'une habitude ou une coutume, c'est-à-dire un comportement.

Je dirais même plus : ces individus « sérieux » deviennent si proches qu'on est tenté d'y voir un seul et même parti du genre humain, les fervents, ceux qui cherchent, questionnent, les clairvoyants, ceux qui doutent, qui ont un « sens tragique de la vie », les explorateurs des abîmes et des sommets, ceux qui « rachètent ». L'autre parti alors accueille tous ceux qui sont superficiels, prisonniers de l'ici et du maintenant, ceux qui sont totalement accaparés par le trivial, ceux dont la piété n'est qu'une façade, ceux qui sont réduits au concret, au momentané et à leur satisfaction immédiate.[1] Des adultes d'un côté, des enfants de l'autre, pourrait-on presque dire.

Quelles sont les implications pratiques de toutes ces considérations pour l'éducation ? Nous voici avec une conclusion pour le moins saisissante, que l'enseignement des valeurs spirituelles, des valeurs éthiques et morales, a incontestablement sa place (en principe) dans l'éducation, peut-être à terme une place tout à fait fondamentale et essentielle, et qu'il n'y pas là sujet à controverse sur la séparation de l'Église et de l'État en Amérique pour la simple et bonne raison que les valeurs spirituelles, éthiques et morales ne doivent rien avoir à faire avec une quelconque église. Ou peut-être, pour mieux dire les choses, sont-elles le noyau commun de toutes les églises, toutes les religions, y compris les non théistes. De fait, il est possible que ces valeurs ultimes, précisément, soient et doivent être le but final de toute éducation, comme elles sont et devraient être aussi le but final de la psychothérapie, des soins aux enfants, du mariage, de la famille, du travail et, qui sait même, de toutes les autres institutions sociales. Je reconnais que je vais peut-être un peu loin mais il y a là quelque chose que nous devons tous accepter pourtant. Nous rejetons la notion de buts supérieurs dans l'éducation au risque de tomber dans le grand danger de définir l'éducation comme une simple formation technologique sans relation avec la vie de bien, l'éthique, la morale ou quoi que ce soit d'autre en l'occurrence. Toute philosophie qui permet que les faits deviennent amoraux, totalement distincts des valeurs, rend en théorie possible le médecin nazi « faisant des expériences » dans les camps de concentration ou le spectacle des ingénieurs allemands faits prisonniers et travaillant avec dévouement pour quiconque les aura capturés.

L'éducation doit être considérée, au moins en partie, comme une tentative pour produire l'être humain de bien, pour encourager la vie de bien et la société de bien. Renoncer à cela, c'est renoncer à la réalité et aux bienfaits de la morale et de l'éthique. Qui plus est, « une éducation qui ignore tout le domaine de la pensée transcendante est une éducation qui n'a rien d'important à dire sur le sens de la vie humaine ». [2]

Annexe A

Aspects religieux des expériences paroxystiques

Pratiquement tout ce qui survient lors des expériences paroxystiques, et bien qu'elles relèvent de l'ordre naturel, pourrait être inscrit au rang des manifestations religieuses, ou, pour mieux dire, a été considéré dans le passé comme relevant exclusivement de l'expérience religieuse.

1. Par exemple, il est caractéristique des expériences paroxystiques que l'univers soit perçu comme un tout intégré et unifié. Ce n'est pas un événement aussi simple qu'on pourrait être tenté de l'imaginer sur la seule foi des mots. Avoir une perception nette (et non une acceptation philosophique purement abstraite et verbale) que l'univers est un tout et que l'on y a sa place – que l'on en fait partie, que l'on appartient à ce tout – peut être une expérience si profonde et si bouleversante qu'elle change à jamais le caractère et la *Weltanschauung* de l'individu. J'ai moi-même deux sujets qui, du fait d'une expérience de ce type, ont été totalement, instantanément et définitivement guéris, pour l'un d'une anxiété chronique et, pour l'autre, de pulsions suicidaires obsessionnelles.

Il s'agit là, bien entendu, d'un des aspects fondamentaux de la foi religieuse pour beaucoup d'individus. Ceux qui autrement perdraient leur « foi » s'y accrochent parce que cela donne une signification à l'univers, une unité, une explication philosophique unique qui assure la cohérence de l'ensemble. Nombre de croyants, au sens orthodoxe du terme, seraient tellement effrayés de renoncer à la notion que l'univers est un et, partant, qu'il a un sens (qui lui est donné par le fait qu'il a été tout entier créé par Dieu, ou qu'il est gouverné par Dieu, ou qu'il est Dieu) que la seule alternative pour eux serait de considérer l'univers comme un chaos totalement atomisé.

2. Dans la connaissance qui accompagne les expériences paroxystiques, le percept est l'objet d'une attention exclusive et totale. C'est-à-dire que l'individu expérimente une concentration vertigineuse, différente de celle qu'il connaît habituellement. Une perception visuelle, une écoute, des sensations du type le plus vrai et le plus total. Survient un changement tout à fait particulier dont la description la plus fidèle serait de dire que l'individu accède à une connaissance qui n'évalue pas, ne compare pas et ne juge pas. Le général et le particulier sont moins nettement différenciés, de même que l'important et l'accessoire : les choses tendent à devenir également importantes au lieu d'être ordonnées dans une hiérarchie du très important à l'insignifiant. Par exemple, la mère qui contemple dans une extase d'amour son nouveau-né pourra être fascinée par chaque partie de son corps, chaque partie autant que les autres, un petit orteil autant qu'un autre petit orteil, et être ainsi frappée d'une forme d'admiration religieuse. Ce même type d'acceptation totale de toute chose, dénuée de comparaison, comme si

toute chose était également importante, prévaut aussi au niveau de la perception des êtres. Ainsi advient-il que dans la connaissance à laquelle atteint l'individu à travers les expériences paroxystiques une personne est plus facilement considérée pour ce qu'elle est, en elle-même, par elle-même, de manière unique et idiosyncrasique comme si elle était la seule représentante de sa catégorie. Bien entendu, il s'agit là d'un aspect très courant non seulement de l'expérience religieuse mais aussi de la plupart des théologies : la personne est unique, la personne est sacrée, une personne en principe vaut autant qu'une autre, chacun est enfant de Dieu, etc.

3. La connaissance de l'Être (connaissance ontique) qui se produit lors des expériences paroxystiques tend à percevoir les objets extérieurs, le monde, et les êtres comme plus détachés des préoccupations humaines. En règle générale, nous percevons toute chose comme en rapport avec les préoccupations humaines et plus particulièrement avec nos petits intérêts égoïstes. Dans les expériences paroxystiques, nous devenons plus détachés, plus objectifs et sommes plus à même de percevoir le monde comme s'il était indépendant non seulement de celui qui est en train de le percevoir mais même des êtres humains en général. L'individu est plus disposé à considérer la nature comme si elle était là en elle-même et pour elle-même, pas simplement comme un terrain de jeu posé là à l'attention des hommes. Il peut plus facilement s'abstenir d'y projeter des desseins humains. En un mot, il lui est donné de la voir dans son Être propre (comme une fin en elle-même) plutôt que comme quelque chose à utiliser, quelque chose dont il y a lieu d'avoir peur, quelque chose à désirer ou face à quoi réagir de toute autre manière per-

sonnelle, humaine, subjective. La connaissance ontique, parce qu'elle rend plus plausible l'insignifiance humaine, nous permet de voir plus clairement la nature de l'objet en lui-même. On pourrait parler ici d'une perception semblable à celle d'un dieu, de perception surhumaine. L'expérience paroxystique semble nous élever jusqu'à des sommets plus hauts que la normale de sorte que nous puissions percevoir d'une manière plus élevée qu'à l'ordinaire. Nous devenons des individus plus importants, plus étoffés, plus forts, plus gros, plus grands et tendons à percevoir en conséquence.

4. Pour le dire d'une manière différente, la perception lors des expériences paroxystiques a quelque chose de la transcendance de l'ego, de l'oubli de soi, de l'absence d'ego, du désintéressement. Elle s'apparente à un état non motivé, impersonnel, sans désir, détaché, sans besoin ni souhait. Ce qui revient à dire que la perception est davantage centrée sur l'objet que sur l'ego. Dès lors, l'expérience perceptuelle s'organise davantage autour de l'objet lui-même que du moi égoïste. En retour, cela signifie que les objets et les individus sont plus facilement perçus comme ayant une réalité indépendante propre.

5. L'expérience paroxystique est perçue comme un moment qui se justifie lui-même et vaut pour lui-même, qui porte avec lui ses propres valeurs intrinsèques. Elle est ressentie comme une expérience très précieuse – même plus précieuse que toute autre – une expérience tellement forte parfois que toute velléité pour la justifier lui ôte sa dignité et sa valeur. De fait, nombreux sont ceux qui y voient une expérience tellement forte et élevée qu'elle ne se justifie pas seulement elle-même mais justifie aussi jusqu'au fait

ASPECTS RELIGIEUX DES EXPÉRIENCES PAROXYSTIQUES

de vivre. Les expériences paroxystiques, par leur survenue occasionnelle, peuvent rendre la vie digne d'être vécue. Elles donnent du sens à la vie, prouvent que la vie vaut d'être vécue. Pour le dire autrement, je suis enclin à penser que les expériences paroxystiques contribuent à empêcher le suicide.

6. Reconnaître ces expériences comme des expériences valant pour elles-mêmes et non comme des expériences au service de quelque chose n'est pas neutre non plus. Pour commencer, cela prouve à l'expériant qu'il y a des finalités dans le monde, qu'il y a des choses, des objets ou des expériences auxquels aspirer qui valent pour eux-mêmes. Ce qui constitue une réfutation de la proposition que la vie et l'existence n'ont pas de sens. En d'autres termes, les expériences paroxystiques sont une illustration concrète de l'affirmation que « la vie vaut d'être vécue » ou que « la vie a un sens ».

7. Les expériences paroxystiques se caractérisent par une désorientation temporelle et spatiale, voire la perte de la conscience du temps et de l'espace. L'individu accède à l'universalité et à l'éternité. Nous disposons très clairement là, dans un sens tout à fait opérationnel, d'une expression réelle et scientifique de « sous l'aspect de l'éternité ». Ce type d'intemporalité et d'infini est très différent de ce que l'on expérimente en temps normal. La personne qui vit une expérience paroxystique peut avoir l'impression de vivre une journée en quelques minutes ou de vivre une minute de manière tellement intense qu'elle la ressent comme une journée, une année

ou même l'éternité. Il arrive aussi que la personne n'ait plus conscience d'être située en un lieu précis de l'espace.

8. Le monde tel qu'il est vécu lors des expériences paroxystiques est uniquement perçu comme beau, bon, désirable, digne d'intérêt, etc. et n'est jamais vécu comme maléfique ou indésirable. Le monde est accepté. Les individus disent qu'alors ils le comprennent. D'une certaine manière, ils sont réconciliés avec le mal, ce qui est du plus grand intérêt dans une perspective de comparaison avec la pensée religieuse. Le mal lui-même est accepté et compris et perçu à sa juste place au sein du tout, comme en faisant partie intégrante, comme étant inévitable, nécessaire et, partant, adéquat, juste. Naturellement, la façon dont j'ai collecté des expériences paroxystiques (et Laski aussi) a consisté à demander des rapports d'extases et de ravissement, des moments les plus parfaits et les plus heureux de l'existence. Dans de telles circonstances, c'est une évidence, la vie ne peut que paraître belle. Dès lors, on pourrait avancer que l'expérience en elle-même ne consiste en fait qu'à découvrir quelque chose que l'on y avait mis *a priori*. Mais il faut noter que ce dont je parle, c'est de la perception du mal, de la douleur, de la maladie, de la mort. Dans les expériences paroxystiques, non seulement le monde est perçu comme acceptable et beau mais, et c'est ce sur quoi je veux insister, les choses désagréables de la vie sont acceptées plus pleinement qu'elles ne le sont à d'autres moments. Comme si les expériences paroxystiques réconciliaient les êtres avec la présence du mal dans le monde.

ASPECTS RELIGIEUX DES EXPÉRIENCES PAROXYSTIQUES

9. Naturellement, c'est une autre façon de devenir semblable à un dieu. Les dieux qui peuvent contempler et englober la totalité de l'être et qui, par conséquent, la comprennent, doivent la considérer comme bonne, juste, inévitable et doivent considérer « le mal » comme le produit d'une vision et d'une compréhension limitées ou égoïstes. Si nous pouvions être pareils à des dieux dans ce sens, alors nous non plus, de part cette compréhension universelle, nous ne blâmerions ni ne condamnerions, ni ne serions déçus ou bouleversés. Nos seules émotions possibles seraient la pitié, la charité, la bonté, peut-être la tristesse ou l'amusement. Mais c'est précisément la façon dont les individus accomplis réagissent parfois au monde et dont nous réagissons tous lors de nos expériences paroxystiques.

10. Le résultat le plus important de mes travaux a peut-être été la découverte de ce que j'appelle les valeurs ontiques ou valeurs intrinsèques de l'Être (voir l'annexe G). À la question : « En quoi le monde est-il différent lors des expériences paroxystiques ? », les centaines de réponses que j'ai eues peuvent être ramenées à une liste type de caractéristiques qui, bien qu'elles se recoupent souvent les unes les autres, peuvent néanmoins être considérées comme distinctes pour les besoins de l'étude. Ce qui est important pour nous ici, c'est que cette liste des caractéristiques du monde tel qu'il est perçu dans nos instants les plus perspicaces est presque identique à ce que les hommes à travers les âges ont appelé vérités éternelles, valeurs spirituelles, valeurs supérieures ou valeurs religieuses. Ce que cela nous dit, c'est que les faits et les valeurs ne sont pas totalement différents les uns des autres ; dans certaines circonstances, ils fusionnent. La

plupart des religions ont, de manière explicite ou indirecte, affirmé l'existence d'une relation ou même d'un recouvrement ou d'une fusion des faits et des valeurs. Par exemple, les êtres existent et ils sont aussi sacrés. Le monde existe et il est aussi sacré [54].

11. La connaissance ontique dans les expériences paroxystiques est beaucoup plus passive et réceptive, beaucoup plus humble que ne l'est la perception ordinaire. Elle est bien plus disposée à écouter et bien plus capable d'entendre.

12. Dans les expériences paroxystiques, des émotions comme l'émerveillement, l'admiration mêlée de crainte, la révérence, l'humilité, l'abandon et même l'adoration devant la grandeur de l'expérience sont souvent rapportées. Jusque, parfois, l'idée de la mort. Les expériences paroxystiques peuvent être en effet si merveilleuses qu'elles s'apparentent à l'expérience de mourir, une mort enthousiaste et heureuse. Une forme de réconciliation et d'acceptation de la mort. Les savants n'ont jamais considéré comme un problème scientifique la question de la « bonne mort » ; mais dans ces expériences, nous découvrons quelque chose qui évoque l'attitude religieuse envers la mort, c'est-à-dire l'humilité ou la dignité devant elle, la volonté, voire une joie, de l'accepter.

13. Dans les expériences paroxystiques, les dichotomies, les polarités et les conflits de la vie tendent à être transcendés ou résolus. Il semble se manifester une progression vers la perception de l'unité et de l'intégration dans le monde. L'individu lui-même tend à s'approcher de la fusion, de l'intégration et de l'unité, et à s'éloigner de la dissociation, des conflits et des oppositions.

ASPECTS RELIGIEUX DES EXPÉRIENCES PAROXYSTIQUES

14. Il semble se manifester dans les expériences paroxystiques une tendance à la disparition, bien que temporaire, de la peur, de l'angoisse, de l'inhibition, des défenses et du contrôle, de la perplexité, de la confusion, du conflit, de l'atermoiement et de la retenue. La peur profonde de la désintégration, de la démence, de la mort, tout cela tend à disparaître le temps que dure l'expérience. Ce qui équivaut peut-être à dire qu'il n'y a plus de peur.

15. Les expériences paroxystiques peuvent avoir des effets immédiats ou des effets consécutifs sur la personne. Parfois, leurs effets consécutifs sont si forts et si importants qu'ils nous évoquent les profondes conversions religieuses qui changent l'individu pour toujours. Les effets moindres peuvent être qualifiés de thérapeutiques. Ils sont d'une importance variable et l'on observe aussi parfois une absence totale d'effets. C'est là un concept facile à accepter pour les individus religieux, habitués qu'ils sont à penser en termes de conversions, de grandes illuminations, de grands moments de vision, etc.

16. J'ai pu comparer métaphoriquement l'expérience paroxystique à une visite à un paradis individuel d'où la personne revient ensuite sur terre. C'est en quelque sorte faire ressortir le concept de paradis d'un référent naturel. Cela n'a clairement pas grand-chose à voir avec la conception du paradis comme lieu indéterminé où l'on entre physiquement à la fin de la vie terrestre. La conception du paradis qui émerge des expériences paroxystiques est celle d'un paradis qui existe en permanence tout autour de nous, toujours là pour que nous y entrions, pour un petit moment au moins.

17. Dans les expériences paroxystiques, on observe une tendance à approcher de plus près l'identité parfaite, le caractère unique ou l'idiosyncrasie de la personne ou de son moi véritable, à s'approcher de la réalité de son être.
18. L'individu se sent, plus qu'en d'autres moments, responsable, actif, le centre créatif de ses propres activités et de ses propres perceptions, autodéterminé, un agent libre, avec plus de « libre arbitre » qu'à d'autres moments.
19. Mais il a aussi été découvert que ces personnes précisément qui ont l'identité la plus nette et la plus forte sont très exactement celles qui sont les plus à même de transcender l'ego ou le moi pour atteindre le désintéressement, ou qui, à tout le moins, sont relativement désintéressées et au-delà de l'ego.
20. Le paroxyste devient plus aimant et plus tolérant, et ainsi, plus spontané, plus sincère et plus innocent.
21. Il devient moins un objet, une chose, une chose du monde vivant selon les lois du monde physique et davantage une psyché, une personne, davantage sujet aux lois psychologiques, et en particulier aux lois de ce que certains ont appelé la « vie supérieure ».
22. Parce que ses motivations sont moindres, c'est-à-dire qu'il est plus proche d'un état de non-lutte, de non-besoin, de non-désir, l'individu demande moins pour lui-même en de tels moments. Il est moins égoïste. (Nous devons nous souvenir que les dieux ont été considérés en général comme n'ayant ni besoin ni envie, pas de déficience, pas de manque, et satisfaits en toute chose. Dans ce sens, l'être humain non motivé ressemble davantage à un dieu.)

ASPECTS RELIGIEUX DES EXPÉRIENCES PAROXYSTIQUES

23. Pendant et après les expériences paroxystiques, les individus ont le sentiment d'avoir de la chance, d'être heureux, honorés. « Je ne le mérite pas » disent-ils souvent. On observe également un sentiment de gratitude envers leur Dieu chez les individus religieux et, chez les autres, envers le destin ou la nature ou le simple hasard. Il est intéressant pour notre propos que ces sentiments puissent aller jusqu'à la vénération, le remerciement, l'adoration, les louanges, l'oblation et autres réactions qui entrent très facilement dans les cadres religieux orthodoxes. Car dans ce contexte, nous sommes habitués à ce genre de choses – le sentiment de gratitude ou d'amour total pour tous les êtres et toutes les choses, suscitant l'impulsion de faire le bien, la volonté de payer de retour, et même un sentiment d'obligation et de dévouement.

24. La dichotomie ou la polarité entre l'humilité et la fierté tend à être résolue dans les expériences paroxystiques et aussi chez les individus accomplis. Ils résolvent en effet la dichotomie entre la fierté et l'humilité en fusionnant les deux en une même unité supérieure complexe : ils sont fiers (dans un certain sens) et aussi humbles (dans un certain sens). La fierté (fusionnée avec l'humilité) n'est pas l'orgueil ni la paranoïa ; l'humilité (fusionnée avec la fierté) n'est pas le masochisme.

25. Ce que l'on a appelé la « conscience unifiée » est souvent donnée dans les expériences paroxystiques : un sens du sacré entraperçu *dans* et *par* l'occurrence particulière du temporaire, du séculier, du terrestre.

Annexe B

La troisième psychologie

La description suivante de la « troisième psychologie » est tirée de la préface à mon livre *Vers une Psychologie de l'Être* (*Toward a Psychology of Being*). [1]

Un mot des courants contemporains en psychologie permettra de situer ce livre à sa juste place. Les deux théories synthétiques de la nature humaine ayant le plus influencé la psychologie jusqu'à récemment sont la théorie freudienne et la théorie expérimentaliste-positiviste-comportementaliste. Toutes les autres doctrines étaient moins synthétiques et leurs partisans constitués en factions dissidentes. Au cours des dernières années, cependant, un mouvement de fusion s'est fait jour entre ces divers courants, pour constituer une troisième théorie, de plus en plus globale, de la nature humaine, que l'on peut baptiser « troisième force ». Ce groupe comprend les disciples d'Adler, de Rank et de Jung ainsi que les néo-freudiens (ou néo-aldériens) et les post-freudiens (les représentants de l'egopsychologie psychanalytique et des auteurs comme Marcus, Wheelis, Erickson, Marmor, Szasz, N. Brown, H. Lynd et Schachtel qui sont en passe de reprendre le flambeau de la psychanalyse orthodoxe). En outre, l'influence de Kurt Goldstein et de son holisme biologique ne cesse de grandir. Ainsi en va-t-il également de la Gestalt-thérapie, des psychologues de la *Gestalt* et des psychologues leviniens, des sémanticistes et des psychologues de la personnalité tels G. Allport, G. Murphy, J. Moreno et H.A. Murray. La psychologie et la psychiatrie existentielles, forces nouvelles, connaissent elles aussi une influence grandissante. Il me faut également citer ici ces contributeurs de premier plan que sont les psychologues du moi, phénoménologues, psychologues de la croissance, psychologues rogériens, psychologues humanistes, etc. En établir une liste exhaustive est impossible. Une façon plus simple d'appréhender les filiations de ce nouveau courant est de renvoyer le lecteur aux cinq revues, toutes relativement jeunes, dans lesquelles ses représentants sont susceptibles d'exprimer leurs idées : *Journal of Individual Psychology* (Université du Vermont, Burlington), *American Journal of Psychoanalysis* (New York), *Journal of Existential Psychiatry* (Chicago), *Review of Existential Psychology and Psychiatry* (Université Duquesne, Pittsburgh) et, la plus récente d'entre elles, *Journal of Humanistic Psychology* (Palo Alto). Mentionnons enfin la revue *Manas* qui met ces travaux à la portée du profane.

La présentation des objectifs du *Journal of Humanistic Psychology* que l'on va lire maintenant a été rédigée par son rédacteur en chef, Anthony Sutich, et validée par son comité de rédaction.

Le *Journal of Humanistic Psychology* publie des articles traitant de la psychologie humaniste, définie comme un courant visant à embrasser la psychologie dans son ensemble ; elle ne se veut ni une discipline ni une école distinctes. La psychologie humaniste défend le respect de la valeur des individus, le respect de la pluralité des approches, l'ouverture d'esprit quant aux méthodes acceptables et l'intérêt pour l'exploration de nouveaux aspects du comportement humain. En tant que « troisième force » de la psychologie contemporaine, elle se préoccupe des sujets auxquels les théories et les systèmes actuels font peu de place :

LA TROISIÈME PSYCHOLOGIE

l'amour, la créativité, le moi, la croissance, l'organisme, la satisfaction des besoins fondamentaux, l'accomplissement de soi, les valeurs supérieures, être, devenir, la spontanéité, le jeu, l'humour, l'affection, le naturel, la convivialité, la transcendance de l'ego, l'objectivité, l'autonomie, la responsabilité, le sens, l'honnêteté, les expériences transcendantales, les expériences paroxystiques, le courage et les concepts qui y sont associés. (Cette approche trouve son expression dans les écrits d'Allport, Angyal, Buhler, Fromm, Goldstein, Horney, Maslow, Moustakas, Rogers, Wertheimer et dans certains écrits de Jung, Adler et des egopsychologues psychanalytiques ainsi que des psychologues existentiels et phénoménologistes.)

Pour des éléments complémentaires sur la troisième psychologie, le lecteur pourra se reporter à la bibliographie, entrées 4, 9, 12, 13, 20, 24, 29, 34, 70, 75, 80 et 82.

Annexe C

Formulations ethnocentriques des expériences paroxystiques

Il a été démontré d'innombrables fois que des expériences transcendantes ont été vécues par certains êtres dans toutes les cultures, à toutes les époques, quelles que soient leur religion, leur caste ou leur classe sociale. Dans leurs grandes lignes, les descriptions de toutes ces expériences sont très semblables ; la langue et les contenus concrets peuvent différer – et l'on imagine difficilement qu'il en soit autrement. Ces expériences sont fondamentalement ineffables (en ce sens que même les meilleures formulations verbales ne peuvent en rendre compte de manière satisfaisante), ce qui revient à dire qu'elles sont non structurées (à l'image des tâches d'encre du test de Rorschach). Il apparaît également qu'à aucun moment de l'histoire elles n'ont été comprises comme des phénomènes d'ordre naturel. Dès lors, il n'est guère surprenant que le mystique, lorsqu'il essaye de décrire son expérience, ne puisse le faire qu'en termes de la culture et de la langue qui sont les siennes, dans la limite de ce qu'il connaît, confondant sa description de l'expérience et les explications et formulations de cette expérience disponibles en son temps et en son lieu.

Laski [42] aborde ce problème de manière détaillée dans les chapitres qu'elle consacre aux « surcroyances » et ailleurs, et convient, avec James, qu'il faut les ignorer. Par exemple, souligne-t-elle, « dans une mesure non négligeable, les individus du groupe de croyants connaissaient le vocabulaire de telles expériences avant de connaître l'expérience ; inévitablement, après avoir vécu les expériences, ils tendent à les raconter dans le vocabulaire déjà admis comme pertinent ».

Comme l'a aussi très bien exprimé Koestler [39], « mais parce que l'expérience est diffuse, qu'elle n'a pas de forme sensorielle, pas de couleur ou de mots, elle se prête à la transcription sous de nombreuses formes, visions de la croix ou de la déesse Kali par exemple ; elles sont semblables aux rêves d'une personne aveugle de naissance... Dès lors, une authentique expérience mystique peut servir de médiateur à une vraie conversion à pratiquement n'importe quelle croyance, christianisme, bouddhisme ou culte du feu ». Dans le même ouvrage, Koestler raconte en termes saisissants une expérience mystique que lui-même a vécue.

Une autre façon encore de comprendre ce phénomène est d'assimiler les expériences paroxystiques à des matières premières qui peuvent être utilisées pour différents styles de structure, comme les mêmes briques, le même mortier, le même bois donneront naissance à des types de maisons différents selon qu'ils seront utilisés par un Français, un Japonais ou un Tahitien [45].

FORMULATIONS ETHNOCENTRIQUES DES EXPÉRIENCES PAROXYSTIQUES

Cela étant, j'ai laissé de côté ces particularismes locaux puisqu'ils s'annulent les uns les autres. L'expérience paroxystique générale est, pour moi, celle qui est commune à tous les lieux et toutes les époques.

Annexe D

Quelle est la validité de la connaissance acquise lors des expériences paroxystiques ?

La question est trop vaste et trop importante pour être traitée en peu de mots. Tout ce que je peux ici, c'est me faire l'avocat de son bien-fondé et de ce qu'elle doit être prise au sérieux. Jamais au cours de l'histoire il ne nous a été donné de pouvoir approcher aussi clairement cette interrogation et les réponses qu'elle appelle. L'expérience mystique, en effet, a été détachée des croyances religieuses locales et intégrée au domaine de la nature et, partant, de la science. Ce sont donc toutes les méthodes de la science qui s'offrent désormais à nous pour les explorer.

Il apparaît par ailleurs clairement que le type de savoir (putatif) obtenu lors des expériences paroxystiques peut l'être également à travers les expériences de désolation et, qui plus est, qu'il peut s'affranchir des expériences paroxystiques, pour être par la suite accessible dans des circonstances plus ordinaires. (Je le formule pour ma part de la façon suivante : le savoir ontique, la connaissance ontique et les expériences paroxystiques peuvent survenir indépendamment les uns des autres.) Il est également possible qu'il existe une sorte de connaissance ontique sereine, non extatique, mais j'en suis moins sûr.

Mais il faut pousser plus avant notre exploration. Il ne fait aucun doute que de grandes intuitions et révélations soient profondément ressenties lors d'expériences mystiques ou paroxystiques et, assurément, certaines sont, *ipso facto*, intrinsèquement valides en tant qu'expériences. On peut apprendre et l'on apprend de telles expériences que, par exemple, la joie, l'extase et le ravissement existent bel et bien et qu'ils sont en principe accessibles à l'expériant, même s'ils ne l'ont jamais été avant. Ainsi, le paroxyste apprend-il pour de bon que la vie peut valoir d'être vécue, que la vie peut être belle et précieuse. Il y a des finalités dans la vie, des expériences par exemple qui sont si précieuses en elles-mêmes qu'elles prouvent que toute chose n'est pas nécessairement un moyen vers une fin autre qu'ellemême.

Un autre type de connaissance qui suffit à se justifier luimême est l'expérience d'atteindre à une réelle identité, d'être un moi véritable, d'éprouver ce que c'est que de se sentir vraiment soi-même, d'être ce que l'on est – pas un imposteur, un charlatan, un acharné, un imitateur. Ici aussi, le fait de vivre l'expérience constitue en lui-même la révélation d'une vérité.

Mon sentiment ici est que même si l'expérience devait ne jamais se reproduire, sa puissance est telle qu'elle pourrait influencer de manière permanente l'attitude de l'individu à l'égard de la vie. Apercevoir le paradis ne serait-ce qu'une seule fois suffit à confirmer son existence. Je suis fortement enclin à penser qu'une seule même de ces expériences aurait le pouvoir d'empêcher le suicide, par exemple, et peut-être de nombreuses variétés d'autodestruction lente comme l'alcoolisme, la dépendance à la drogue ou à la violence, etc. Je suppose également, sur la base d'éléments théoriques, que les expériences paroxystiques pourraient faire disparaître « le vide existentiel », les états de perte de valeurs, etc. ressentis par certains, au

LA VALIDITÉ DE LA CONNAISSANCE PAROXYSTIQUE

moins de manière occasionnelle. (Ces déductions tirées de la nature des expériences paroxystiques intenses sont confirmées par les expériences générales sous LSD ou psilocybine. Naturellement, ces résultats préliminaires demandent eux aussi à être confirmés.)

Il s'agit dès lors d'un type de savoir paroxystique dont la validité et l'utilité ne peuvent être mises en doute, pas plus que ne peut l'être la découverte que la couleur « rouge » existe et qu'elle est belle. La joie existe, on peut la connaître et c'est très agréable, et on peut toujours espérer la vivre à nouveau.

Peut-être me faut-il mentionner ici également le résultat paradoxal – pour certains – que la mort perd son aspect effrayant. L'extase est d'une certaine manière proche de l'expérience de mort, au moins dans le sens simple, empirique que la mort est souvent mentionnée dans les comptes rendus d'expériences paroxystiques, une mort *douce* s'entend. Après l'apogée, seul le « moins » est possible. Dans tous les cas, on m'a souvent dit : « J'ai eu le sentiment que j'aurais accueilli la mort avec joie » ou « Plus personne ne pourra me dire que la mort est une mauvaise chose », etc. Vivre une sorte de « mort douce » peut la vider de son aspect effrayant. Cette observation, cela va sans dire, demande à être étudiée de manière bien plus approfondie que je n'ai pu le faire. Mais il demeure que l'expérience en elle-même est une sorte de savoir acquis (ou d'attitude modifiée) qui se valide lui-même. D'autres expériences de ce type, qui se produisent pour la première fois, sont vraies simplement parce qu'elles sont vécues : intégration plus grande de l'organisme, perception des formes, fusion des processus primaires et secondaires, fusion du domaine du savoir et de celui des valeurs, transcendance des dichotomies, intégration du savoir et de l'être, etc. L'élargissement et l'enrichissement de la conscience à travers de nouvelles expériences perceptuelles, dont beaucoup laissent un effet durable, s'apparentent à une amélioration de celui qui perçoit.

Plus fréquemment, cependant, la connaissance acquise lors des expériences paroxystiques a besoin d'une validation externe, indépendante [70], ou à tout le moins la requête d'une telle validation est-elle légitime ; par exemple, tomber amoureux n'implique pas seulement un plus grand souci de l'autre, synonyme de davantage d'attention, d'écoute et, partant, d'une meilleure connaissance, mais peut aussi conduire à des jugements et affirmations erronés, aussi touchants et émouvants soient-ils par ailleurs, du genre « mon mari est un génie ».

L'histoire de la science et des inventions est riche d'exemples d'illuminations paroxystiques validées mais aussi d'illuminations fallacieuses. Reste que les premières sont en nombre suffisant pour venir à l'appui de la proposition que le savoir dérivé des expériences paroxystiques peut être validé et précieux.

Cela est aussi vrai parfois des illuminations poignantes, suscitant le respect et l'admiration (connues à travers des expériences paroxystiques aussi bien qu'à travers des expériences de désolation), ou des révélations auxquelles conduit la psychothérapie bien que cela ne soit pas très fréquent. Ce dévoilement, cette mise à nu, peut consister en une perception valide de ce qui n'avait pas été perçu de manière consciente auparavant.

Tout cela semble parfaitement évident et simple. Pourquoi, dès lors, cette voie vers la connaissance a-t-elle été aussi radicalement rejetée ? Une partie de la réponse réside, je suppose, dans ce que ce type de savoir-révélation ne fait pas apparaître quatre pommes là où il n'y en avait que trois, pas plus qu'il ne transforme les pommes en bananes. Non ! C'est plutôt un glissement de l'attention, de l'organisation de la perception, de la façon d'observer ou de la prise de conscience, qui se produit.

Lors des expériences paroxystiques, plusieurs types de modifications de la perception peuvent engendrer un savoir nouveau. Tout d'abord, l'amour, la fascination, la passion signifient souvent « regarder intensément, avec le souci de l'autre », comme je l'ai déjà dit. Ensuite, la fascination peut être synonyme d'une grande intensité, d'une concentration et d'une restriction du champ de l'attention, d'une résistance aux distractions de toutes sortes, ou à l'ennui et même la fatigue. Enfin, ce que Bucke [10] a appelé la conscience cosmique implique un élargissement de l'attention de sorte que tout le cosmos est perçu comme une unité, et que la place de l'individu dans ce tout est perçue simultanément.

Ce nouveau « savoir » pourra consister en un changement d'attitude, une évaluation différente de la réalité, envisager les choses depuis une perspective nouvelle, un point de centrage différent. Dans de très nombreux cas, on pourrait sans doute parler de perception de la *Gestatlt* – c'est-à-dire voir le chaos sous le jour d'une nouvelle organisation, ou passer d'une *Gestalt* à une autre, faire éclater une imbrication ou en créer une nouvelle, changer les relations entre l'objet et ce qui l'entoure, faire une meilleure *Gestalt*, de fermeture, en un mot, de la connaissance des relations et de leur organisation.

Un autre type de processus cognitif susceptible d'intervenir au cours des expériences paroxystiques est le rafraîchissement de l'expérience et la fin de la catégorisation [59]. La familiarisation émousse la connaissance, en particulier chez les individus angoissés, et il devient alors possible de passer par toutes sortes d'événements miraculeux sans les vivre comme tels. Dans les expériences paroxystiques, la qualité miraculeuse des choses peut pénétrer la conscience. Il s'agit là d'une des fonctions fondamentales de l'art et elle se prête également à l'étude dans ce domaine. J'ai décrit ce type de « perception naïve » dans un de mes articles [63]. Cette perspicacité est très différente de ce qu'il faut bien appeler l'« aveuglement normal ».

Une sous-catégorie de cette perception renouvelée de ce qui nous entoure est la perception paroxystique du fait que les truismes sont vrais, qu'il est par exemple merveilleux d'être compris, que la vertu est une récompense en elle-même, que les soleils couchants sont merveilleux, que l'argent n'est pas tout, etc. Ces « platitudes » peuvent être redécouvertes encore et encore lors de moments paroxystiques. Elles sont, elles aussi, des exemples de la profondeur et de la clairvoyance nouvelles possibles en ces instants où la vie est considérée d'un œil neuf, comme pour la première fois. Ainsi en va-t-il de l'expérience de gratitude, de reconnaissance, de grâce.

Dans l'annexe I et ailleurs dans cet essai, j'ai parlé de perception unifiée, désignant par là la fusion du domaine de l'Être et du domaine des déficiences, la fusion de l'éternel et du temporel, du sacré et du profane, etc. D'aucuns ont pu parler de l' « écart incommensurable qui sépare la perception poétique de la réalité et le bon sens prosaïque, irréel ». Quiconque est incapable de percevoir le sacré, l'éternel, le symbolique est tout bonnement aveugle à un aspect de la réalité – comme je pense l'avoir suffisamment démontré ailleurs [54] et dans l'annexe I.

Au sujet de la « perception juste », de « l'ontification » et d'autres exemples de connaissance ontique, on se reportera à mon article « Fusions of Facts and Values » [54]. La bibliographie de cet article renvoie à la littérature sur la psychologie de la Gestalt que la place me manque pour intégrer ici. Pour la « réduction au concret » et ses implications pour la connaissance de l'abstrait, le lecteur se reportera à Goldstein [23, 24].

LA VALIDITÉ DE LA CONNAISSANCE PAROXYSTIQUE

On nous décrit souvent les expériences paroxystiques comme s'accompagnant de quelque chose qui pourrait être appelé un type particulier de perception abstraite, c'est-à-dire la perception de l'essence, de « l'ordre caché des choses, la texture intime du monde, normalement obscurcie par des strates d'inutilités » [39]. Mon article sur l'isomorphisme [48] contient également des données pertinentes, dont je mentionnerai seulement ici le facteur d'être « digne d'être vécu », de la mériter, ou d'être à la hauteur de cette expérience. La santé conduit l'individu à des niveaux supérieurs de réalité ; les expériences paroxystiques peuvent être considérées comme un accomplissement de soi transitoire de la personne. On peut donc considérer qu'elles l'« élèvent », la rendent « plus grande », etc., de sorte que la personne devient « méritante » de vérités plus difficiles : seule l'intégration peut percevoir l'intégration, seul celui qui est capable d'amour peut connaître l'amour, etc.

La perception taoïste, passive, est nécessaire pour percevoir certaines vérités [49]. Les expériences paroxystiques sont des états dans lesquels la lutte, l'ingérence et le contrôle actif diminuent, autorisant par là même une perception taoïste et réduisant ainsi l'action de celui qui perçoit sur la chose perçue. Dès lors, un savoir plus authentique (de certaines choses) peut être attendu et a été rapporté.

Comment, donc, convient-il d'aborder le problème de la validité du savoir ontique, ou du savoir auquel permet d'accéder l'illumination ? Il faut : 1. le séparer de la question de la réalité des anges, etc., c'est-à-dire « naturaliser » la question. ; 2. affirmer un savoir empiriquement valide, la validité intrinsèque de l'élargissement de la conscience, c'est-à-dire d'une gamme plus large d'expériences ; 3. admettre que le savoir ainsi révélé a toujours été là, prêt à être perçu, pourvu que la personne soit « à sa hauteur », prête à le recevoir. C'est un changement de perspicacité, d'efficacité de celui qui perçoit, un changement de lunettes, pour ainsi dire, et non un changement de la réalité ou l'invention d'un nouveau pan de réalité qui n'était pas là avant. Le mot « psychédélique » (expansion de la conscience) peut être utilisé ici. Enfin, 4. ce type de savoir peut être atteint par d'autres voies ; il convient de ne pas nous en remettre seulement aux expériences paroxystiques ou aux drogues engendrant des états paroxystiques pour l'atteindre. Il existe des chemins plus mesurés et plus laborieux – et partant peut-être meilleurs à long terme – pour atteindre le savoir transcendant (savoir ontique). En d'autres termes, il me semble préférable d'aborder la question du point de vue de l'ontologie et de l'épistémologie plutôt que de celui des déclencheurs et des stimuli.

Annexe E

Préface à
Une nouvelle connaissance des valeurs humaines

A.H. Maslow. © 1959, Harper & Row.

Ce livre est né de ma conviction que, premièrement, le mal suprême de notre temps est la perte de valeurs ; deuxièmement, que cet état des choses est plus fondamentalement dangereux qu'il ne l'a jamais été au cours de notre histoire ; et enfin que l'homme, pourvu qu'il s'y attelle, peut y remédier.

La perte de valeurs et de repères que nous connaissons a pu être décrite de diverses manières : anomie, amoralité, anhédonie, perte de nos racines, vacuité, désespoir, absence d'idéal auquel croire et auquel nous dévouer. Il y a aujourd'hui péril en la demeure ; tous les systèmes de valeurs traditionnels qui ont jamais été proposés à l'humanité se sont révélés des échecs (comme le prouve la situation que nous connaissons aujourd'hui). Qui plus est, la richesse et la prospérité, le progrès technologique, le développement de l'éducation, les formes démocratiques de gouvernement, et même les bonnes intentions sincères et les protestations de bonne volonté nous auront au total, par leur échec à produire la paix, la fraternité, la sérénité et le bonheur, confrontés de manière encore plus nue et inévitable aux profondeurs que l'homme a voulu ignorer, tout occupé qu'il était du superficiel.

Comment ne pas penser ici à la « névrose de la réussite » ? Les gens peuvent se battre avec espoir, et même bonheur, pour de fausses panacées aussi longtemps qu'ils ne les ont pas atteintes. Lorsque c'est chose faite, cependant, ces panacées se révèlent bien vite n'être que de faux espoirs. L'effondrement et le désespoir s'ensuivent et persistent jusqu'à ce que de nouveaux espoirs deviennent possibles.

Nous nous trouvons nous aussi dans un interrègne entre les anciens systèmes de valeurs qui n'ont pas fonctionné et de nouveaux qui restent à naître, une période de vide qui pourrait être supportée avec plus de patience n'eussent été les dangers sans précédents qui assaillent l'humanité. Car ce que nous contemplons aujourd'hui, c'est la possibilité bien réelle de l'annihilation et la certitude de « petites » guerres, de conflits raciaux et d'une exploitation à grande échelle. La fraternité entre les hommes n'est pas pour demain.

Le remède à ce mal est évident. Nous avons besoin d'un système de valeurs humaines validé, utilisable, de valeurs auxquelles nous puissions croire et nous consacrer parce qu'elles sont authentiques et non parce que nous sommes exhortés à « croire et avoir la foi ».

Et pour la première fois dans l'histoire des hommes, sommes-nous nombreux à penser, un tel système – fermement ancré dans la connaissance valide de la nature de l'homme, de sa société et de ses œuvres – est possible.

Je ne prétends pas que ce savoir soit disponible à l'heure actuelle dans la forme définitive nécessaire à nourrir la conviction et l'action. Il ne l'est pas. Ce qui est disponible, en revanche, est suffisant pour affirmer notre conviction que nous savons ce qui doit être entrepris pour progresser vers ce but. Par ses efforts philosophiques et scientifiques, l'homme peut avancer sur le chemin du progrès individuel et du progrès social.

Annexe F

Communication rhapsodique, isomorphe

En essayant d'obtenir des récits d'expériences paroxystiques auprès de sujets réticents ou de non-paroxystes, j'ai déployé sans en être conscient un type différent de procédure d'entretien. La « communication rhapsodique », comme je l'ai désignée, consiste en une sorte de contagion émotionnelle dans une similitude isomorphe. Elle pourrait avoir des implications considérables tant pour la théorie de la science que pour la philosophie de l'éducation.

La description verbale directe d'expériences paroxystiques, mesurée, neutre, analytique, « scientifique » ne réussit qu'avec les individus qui savent déjà ce que vous voulez dire, ceux qui connaissent des paroxysmes et qui, par conséquent, sentent ou devinent ce que vous voulez désigner même lorsque les mots que vous utilisez ne sont pas ceux qui conviendraient.

Au fur et à mesure des entretiens que je menais, j'appris, sans m'en rendre compte, à avoir de plus en plus recours à des figures de rhétorique, des métaphores, des sourires, etc. et, d'une manière générale, à utiliser de plus en plus le langage poétique. Il apparaît que ces modes d'expression sont en effet souvent plus propres à « saisir », à déclencher une expérience de résonance, une vibration parallèle, isomorphe, que ne le sont les phrases posées, froides, minutieusement descriptives.

Voilà qui nous dit assez que le mot « ineffable » signifie « non transmissible par des mots analytiques, abstraits, linéaires, rationnels, exacts, etc. ». Le langage poétique et métaphorique, le langage morphopsychologique et synesthésique, le langage du processus primaire tel celui qu'on trouve dans les rêves, les rêveries, les associations libres et les fantasmes, sans parler de la communication non verbale – gestes, ton de la voix, style d'expression, tenue du corps, expressions du visage – autant de langages qui sont plus efficaces pour transmettre certains aspects de l'ineffable.

Cette procédure peut donner lieu à une sorte d'émission continuelle, rhapsodique, émotionnelle, fervente, d'exemples successifs d'expériences paroxystiques, décrits ou plutôt racontés, exprimés, partagés, « loués », chantés de la manière la plus vivante qui soit, avec la participation, l'approbation évidente et même la joie du sujet. Ce type de procédure réussit plus souvent à embraser chez l'autre les expériences paroxystiques latentes ou faibles.

Le problème ici était différent de celui que l'on entend habituellement par transmission d'un savoir. En effet, il ne s'agissait pas de décrire ou de définir une chose connue que les deux personnes pouvaient voir en même temps alors que le professeur la désignait et la nommait. L'exercice consistait à essayer d'amener la personne à concentrer son attention sur, à remarquer, à nommer une expérience intime, qu'elle seule pouvait ressentir, une expérience, qui plus est, qui n'était pas en train de se produire. Ici, impossible de montrer du doigt, de nommer quelque chose de visible, de créer de manière délibérée et maîtrisée une expérience comme on allumerait l'électricité ou sonderait un endroit douloureux.

COMMUNICATION RHAPSODIQUE, ISOMORPHE

Cette démarche nous fait très vivement ressentir combien l'être intime de chacun est isolé de celui des autres. C'est comme si deux intimités encapsulées essayaient de communiquer par-delà la coupure qui les sépare. Lorsque l'expérience que la personne essaye de transmettre n'a pas d'équivalent chez l'autre, ainsi d'essayer de décrire les couleurs à un aveugle de naissance, les mots échouent presque (mais pas) totalement. Si l'autre personne se révèle être un non-paroxyste, alors la communication rhapsodique, isomorphe, ne fonctionnera pas.

De manière rétrospective, il m'apparaît que j'en étais progressivement venu à considérer que le non-paroxyste était un paroxyste faible, et non une personne incapable de connaître des expériences paroxystiques. J'essayais, en fait, d'allumer la flamme de son feu languissant par les récits favorables que je lui faisais, récits dans lesquels je m'impliquais émotionnellement, d'expériences fortes vécues par d'autres, comme un diapason ferait vibrer une corde de piano sympathique à travers la pièce.

De fait, je procédais tout à fait comme si j'essayais de transformer un non-paroxyste en paroxyste ou, pour mieux dire, d'amener le prétendu non-paroxyste à prendre conscience qu'en fin de compte il était réellement un paroxyste. Il m'était impossible de lui apprendre comment avoir des expériences paroxystiques mais je pouvais lui apprendre qu'il en avait déjà connu.

Tout ce qui, par conséquent, sensibilise le non-paroxyste à ses propres paroxysmes en fait *un terreau fertile pour les graines que les grands paroxystes lui prodigueront*. Les grands visionnaires, prophètes ou paroxystes peuvent dès lors être utilisés comme nous utilisons aujourd'hui les artistes, comme des individus qui sont plus sensibles, plus réactifs, qui connaissent une expérience paroxystique plus profonde, plus riche, plus totale, qu'ils peuvent ensuite transmettre à ceux qui sont suffisamment paroxystes pour faire un bon public. Essayer d'apprendre à peindre à tout un chacun ne fera certainement pas de grands peintres mais contribuera très certainement à faire un meilleur public pour les grands artistes. De même qu'il faut être soi-même un tantinet artiste pour pouvoir comprendre un grand artiste, de même est-il apparemment nécessaire de devenir un petit visionnaire avant de pouvoir comprendre les grands visionnaires.

C'est une sorte de communication « je-tu » entre intimes, amis, amoureux ou frères, et non cette relation plus courante sujet-objet, spectateur-percept, enquêteur-sujet dans laquelle la séparation, la distance, le détachement sont considérés comme le seul moyen d'introduire une plus grande objectivité.

Quelque chose d'approchant a été découvert dans d'autres situations. Par exemple, lorsqu'on utilise des drogues psychédéliques pour produire des expériences paroxystiques, on a souvent constaté que si l'atmosphère est froidement clinique et si le sujet est observé et étudié comme avec un microscope, pareil à un insecte sur une épingle, alors les paroxysmes sont moins aptes à se produire et les expériences malheureuses plus aptes à se produire. Lorsque l'atmosphère devient une atmosphère de communion fraternelle, cependant, avec peut-être l'un des « frères-enquêteurs » lui-même qui prend aussi la drogue, alors l'expérience est bien plus susceptible d'être extatique et transcendante.

C'est quelque chose du même ordre qui a été découvert par les Alcooliques Anonymes et la communauté thérapeutique Synanon d'aide aux toxicomanes. La personne qui a partagé l'expérience peut être fraternelle et aimante d'une façon qui dissipe la hiérarchie qu'implique en général la relation d'aide.

L'interdépendance que l'on dit exister entre les acteurs et leur public constitue un autre exemple de ce type de communication.

Les psychothérapeutes existentiels et humanistes commencent eux aussi à rapporter que la « rencontre je-tu » peut donner certains résultats que ne peut susciter le psychanalyste freudien classique dans son rôle de miroir (bien que je sois convaincu que l'inverse soit également vrai pour certains autres résultats thérapeutiques). Même les psychanalystes classiques seraient désormais prêts à admettre, je pense, que l'attention, la sollicitude, l'amour fraternel pour le patient sont induits, et doivent être induits, par l'analyste pour que la thérapie puisse intervenir.

Les éthologistes ont appris que quand on veut étudier les canards et apprendre tout ce qu'il y a à savoir sur les canards, il vaut mieux aimer les canards. Et ainsi en va-t-il également, j'en suis convaincu, des étoiles, des nombres ou de la chimie. Ce type d'amour ou d'intérêt ou de fascination n'est pas contradictoire de l'objectivité ou de l'honnêteté mais bien plutôt la condition préalable de certains types d'objectivité, de perspicacité et de réceptivité. L'amour ontique favorise la connaissance ontique, c'est-à-dire l'amour désintéressé, compréhensif, de l'Être ou nature intrinsèque de l'autre, il permet de percevoir et d'apprécier l'autre comme une fin en lui-même (et non comme un moyen égoïste ou comme un instrument) et, par conséquent, favorise la perception de la nature de l'autre en tant que tel.

On peut apprendre à tout le monde (?), ou à un très grand nombre d'entre nous, y compris même à de jeunes enfants, d'une telle manière empirique, que les expériences paroxystiques existent, ce à quoi elles ressemblent, quels moments leur sont propices, qui elles peuvent toucher, ce qui les favorise, quel est leur lien avec une vie de bien, un homme de bien, une bonne santé psychologique, etc. Jusque dans une certaine mesure, cela peut même être accompli avec des mots, des conférences, des livres. J'ai moi-même pu constater que chaque fois que j'ai donné des conférences en faveur des expériences paroxystiques, c'était comme si j'avais permis aux expériences paroxystiques de *certains* individus tout au moins, parmi mon public, de s'imposer à leur conscience. Même de simples mots semblent parfois capables de supprimer les inhibitions, les blocages et les peurs, les rejets qui avaient maintenu les expériences paroxystiques cachées et réprimées.

Tout cela implique un autre type d'éducation, une éducation par l'expérience. Mais aussi un autre type de communication, la communication entre les solitudes, entre les ego enfermés, isolés. L'enseignement par l'expérience dont nous parlons ici exige avant tout de transformer l'individu et de changer la conscience qu'il a de lui-même. Notre tâche consiste à l'amener à devenir conscient du fait que des expériences paroxystiques ont lieu en lui. Jusqu'à ce qu'il ait acquis cette conscience et qu'il dispose de ces expériences comme bases de comparaison, il est un non-paroxyste et il est vain d'essayer de lui communiquer la sensation et la nature de l'expérience paroxystique. Mais si nous pouvons le changer, dans le sens de l'amener à prendre conscience de ce qui se passe en lui, alors il devient un type de partenaire différent : il est possible de communiquer avec lui. Il sait désormais de quoi il retourne quand vous lui parlez d'expériences paroxystiques ; et il est possible de lui enseigner, par référence à ses propres expériences paroxystiques faibles, comment les améliorer, les enrichir, les élargir et aussi comment tirer les justes conclusions de ces expériences.

COMMUNICATION RHAPSODIQUE, ISOMORPHE

On remarquera ici que quelque chose de similaire intervient normalement dans la psychothérapie du dévoilement. Une partie du processus consiste en effet en un processus d'apprentissage par l'expérience par lequel nous aidons le patient à prendre conscience de ce qu'il a vécu sans en avoir conscience. Si nous pouvons lui apprendre que telle constellation de manifestations subjectives préverbales relève de l'« anxiété », il devient ensuite possible de communiquer avec lui au sujet de l'anxiété et de toutes les conditions qui la favorisent, comment agir sur elle, etc. Tant que ce stade où la personne a développé une conscience claire, détachée, objective de la relation entre un nom, une étiquette, un mot et un ensemble particulier d'expériences subjectives, ineffables, n'est pas atteint, il n'y a ni communication ni enseignement possibles ; de même pour la passivité, l'hostilité ou le désir d'amour ou d'autre chose. Le processus d'éducation (et de thérapie) consiste ici à aider l'individu à prendre conscience d'expériences intérieures, subjectives, échappant au verbe, de sorte que ces expériences puissent être intégrées au monde de l'abstraction, de la conversation, de la communication, de la description, etc., et, partant, qu'il devienne alors possible d'exercer un certain contrôle sur des processus jusque là inconscients et inmaîtrisables.

Une des difficultés avec ce type de communication, pour moi en tout cas, a été que cette « rhapsodisation » m'est apparue superficielle lorsque j'ai essayé de m'y livrer délibérément et consciemment. Je n'ai pris parfaitement conscience de ce que j'avais fait que lorsque j'ai essayé de le décrire lors d'une conversation avec le docteur David Nowlis. Mais depuis lors, j'ai été dans l'incapacité de communiquer de la même manière.

Annexe G

Les valeurs ontiques comme descriptions de la perception lors des expériences paroxystiques

Les caractéristiques décrites de l'Être sont aussi les valeurs de l'Être. Ces valeurs ontiques sont perçues comme suprêmes et irréductibles (et pourtant, chacune peut être définie en termes de chacune et de toutes les autres). Elles sont analogues aux caractéristiques du moi individuel (identité) lors des expériences paroxystiques ; aux caractéristiques de l'art idéal ; des démonstrations mathématiques idéales ; des théories et des expériences idéales ; de la science et de la connaissance idéales ; des buts ultimes de toutes les psychothérapies idéales du dévoilement (taoïstes, non dirigistes) ; des buts ultimes de l'éducation humaniste idéale ; des buts ultimes et de l'expression de certains types de religions ; aux caractéristiques de l'environnement idéalement bon et de la société idéalement bonne [62].

La liste ci-dessous peut être considérée aussi bien comme la liste des attributs de la réalité telle que perçue lors des expériences paroxystiques que comme la liste des valeurs intrinsèques, irréductibles, de cette réalité.

1. *Vérité* : honnêteté ; réalité (nudité ; simplicité ; richesse ; essence ; ce qui doit être ; beauté ; pureté ; complétude naturelle).
2. *Bonté* : équité ; attractivité ; ce qui doit être ; justice ; bienveillance ; honnêteté (nous l'aimons, sommes attirés par, y adhérons).
3. *Beauté* : équité ; forme ; vie ; simplicité ; richesse ; intégrité ; perfection ; achèvement ; originalité ; honnêteté.
4. *Intégrité* : unité ; intégration ; tendance à l'unification ; relations ; simplicité ; organisation ; structure ; ordre ; non dissocié ; synergie ; tendances homonymes et intégratives.
4a. *Transcendance de la dichotomie* : acceptation ; résolution ; intégration ou transcendance des dichotomies, polarités, opposés, contradictions ; synergie (c'est-à-dire transformation des oppositions en unités, des antagonistes en partenaires qui collaborent ou s'enrichissent mutuellement).
5. *Vie* : processus ; ce qui n'est pas engourdi ; dynamique ; éternel ; fluide ; ce qui se perpétue lui-même ; spontanéité ; énergie qui circule d'elle-même ; ce qui se crée de lui-même ; autorégulation ; plein fonctionnement ; ce qui change et reste pourtant le même ; ce qui exprime ce qu'il est ; sans fin.
6. *Sans pareil* : idiosyncrasie ; individualité ; singularité ; non comparable ; caractéristiques qui le définissent ; nouveauté ; qualité ; en tant que tel ; incomparable.
7. *Perfection* : rien de superflu ; rien ne manque ; chaque chose à sa juste place ; ce que l'on ne peut améliorer ; ce qui convient ; ce qui est ; pertinence ; justice ; complétude ; rien au-delà ; ce qui doit être.

LES VALEURS ONTIQUES

7a. *Nécessité* : inévitabilité ; cela doit être exactement comme ça ; pas la moindre modification ; et il est bien qu'il en soit ainsi.

8. *Achèvement* : fin ; finalité ; justice ; c'est fini ; plus de changement de la *Gestalt* ; épanouissement ; *finis* et *telos* ; rien n'est absent ni ne manque ; totalité ; accomplissement du destin ; suspension ; apogée ; couronnement ; clôture ; mort avant renaissance ; cessation et achèvement de la croissance et du développement ; satisfaction totale sans autre satisfaction possible ; pas de lutte ; pas de mouvement vers un but parce que déjà atteint ; n'indiquant rien au-delà de lui-même.

9. *Justice* : honnêteté ; ce qui doit être ; pertinence ; qualité architectonique ; nécessité ; inévitabilité ; désintéressement ; non-partialité.

9a. *Ordre* : légalité ; exactitude ; rythme ; régularité ; symétrie ; structure ; rien de superflu ; parfaitement organisé.

10. *Simplicité* : honnêteté ; nudité ; pureté ; essence ; concision ; élégance (mathématique) ; abstraction ; évidence ; structure squelettique essentielle ; le cœur du sujet ; franchise ; seulement ce qui est nécessaire ; sans ornement ; rien de plus ni de superflu.

11. *Richesse* : totalité ; différenciation ; complexité ; imbrication ; rien ne manque ni n'est caché ; tout est là ; « non-importance », c'est-à-dire tout est d'égale importance ; rien n'est « pas important » ; tout est laissé comme il est, sans amélioration, simplification, soustraction, réaménagement ; exhaustivité.

12. *Fluidité* : aisance ; absence de tension, de lutte ou de difficulté ; grâce ; fonctionnement beau et parfait.

13. *Jeu* : plaisir ; joie ; amusement ; gaîté ; humour ; exubérance ; fluidité.
14. *Autosuffisance* : autonomie ; indépendance ; n'a besoin de rien d'autre que lui-même pour être lui-même ; se détermine lui-même ; transcendance de l'environnement ; séparation ; vit selon ses propres lois ; identité.

Les valeurs ontiques descriptives, considérées comme des aspects de la réalité, doivent être distinguées des attitudes ou émotions de l'individu ontique vis-à-vis de cette réalité et de ses attributs, attitudes telles que l'admiration mêlée de crainte, l'amour, l'adoration, le culte, l'humilité, le sentiment d'être à la fois très petit et très semblable à Dieu, la révérence, l'adhésion à, l'accord avec, l'émerveillement, le sens du mystère, la gratitude, la dévotion, le dévouement, l'identification avec, l'appartenance, la fusion, la surprise et l'incrédulité, la peur, la joie, le ravissement, la béatitude, l'extase, etc.

L'un des problèmes récurrents de toutes les religions organisées, révélées, au cours du siècle dernier a été la contradiction radicale entre leur revendication d'une vérité suprême, totale, immuable, éternelle et absolue, et l'affirmation, par les nouveaux courants des sciences sociales et les philosophes de la science, des notions de devenir et de relativisme culturels, historiques et économiques. Toute philosophie ou tout système religieux qui ne fait pas de place au changement ou au relativisme est intenable (parce qu'infidèle à tous les faits). Mais les aspirations de l'être humain à la paix, la stabilité, l'unité, à une certaine forme de certitude, toutes ces aspirations continuent d'exister et de vouloir être comblées même après que les institutions religieuses aient échoué à accomplir cette tâche.

Un jour peut-être les données issues des expériences paroxystiques permettront la résolution ou la transcendance de la dichotomie entre le relatif et l'absolu, l'historique et l'éternel. Les valeurs ontiques dérivées des expériences paroxystiques, ainsi que d'autres sources [62], nous apporteront peut-être un type parfaitement naturel de « certitude », d'unité, d'éternité, d'universalité. Naturellement, tous ces mots devront être compris d'une manière spécifique, inédite et inhabituelle. Mais quelque chose de leur sens ancien, nourri de tant d'aspirations, perdurera pourtant pour apporter à l'individu cet épanouissement que revendiquaient les religions organisées.

Bien sûr, si elles sont confirmées, ces « vérités ultimes » n'en demeurent pas moins des vérités au sein d'un système. C'est-à-dire qu'elles paraissent vraies pour l'espèce humaine – dans le même sens que les théorèmes euclidiens sont absolument vrais au sein du système euclidien. Et donc, de même que les propositions euclidiennes sont, en dernière analyse, tautologiques, de même les valeurs ontiques (voir l'annexe F) se révèleront peut-être être des caractéristiques distinctives de l'espèce humaine dans son essence, c'est-à-dire des aspects *sine qua non* du concept « humain » et donc tautologiques. L'affirmation : « L'individu pleinement humain perçoit dans certains moments l'unité de l'univers, se fond en lui et y est en paix, totalement satisfait en cet instant dans son désir d'unité » est sans doute synonyme, à un « niveau supérieur de magnification » [59], de l'affirmation : « C'est un individu pleinement humain ».

Pour l'heure, je n'entends pas essayer d'aller au-delà de ces « absolus relatifs de l'espèce » pour discuter des absolus qui demeureraient si l'espèce humaine venait à disparaître. Il est suffisant à ce point d'affirmer que les valeurs ontiques sont d'un certain type d'absolu, un type humainement satisfaisant, et qu'en outre, elles sont « cosmocentriques » au sens de Marcel et non contingentes de l'individu non plus que centrées sur l'ego.

Annexe H

Raisons naturelles de préférer les valeurs de croissance aux valeurs de régression en situation de libre choix

On peut identifier en chaque individu des tendances propres (faibles) à croître vers l'accomplissement de soi et aussi diverses tendances (faibles) à la régression (sous le coup de la peur, de l'hostilité ou de la paresse). C'est la tâche de l'éducation, de la thérapie, du mariage et de la famille de se mettre ensemble au service du premier et de favoriser la croissance personnelle. Mais pourquoi ? Comment le prouver ? Pourquoi ne pas y voir seulement une entrée en fraude des valeurs arbitraires, cachées du thérapeute lui-même ?

1. L'étude de cas cliniques et certaines expériences nous enseignent que les conséquences de choix de croissance sont « meilleures » en termes de valeurs biologiques de l'individu : santé physique ; absence de douleur, d'inconfort, d'angoisse, de tension, d'insomnie, de cauchemars, d'indigestion, de constipation, etc. ; longévité, absence de peur, plaisir à un fonctionnement plein et

harmonieux ; beauté, prouesses sexuelles, charme sexuel, bonne dentition, belle chevelure, bons pieds, etc. ; bonne grossesse, bonne naissance, bonne mort ; plus d'amusement, plus de plaisir, plus de joie, plus d'expériences paroxystiques, etc. C'est-à-dire que si un individu pouvait lui-même envisager toutes les conséquences probables de la croissance et toutes les conséquences probables de la paresse ou de la régression, et s'il était autorisé à choisir entre elles, il choisirait toujours (en principe, et sous de « bonnes conditions ») les conséquences de la croissance et rejetterait celles de la régression. Mieux l'on connaît les conséquences réelles des choix de croissance et des choix de régression, plus les choix de croissance deviennent séduisants pour pratiquement tout être humain. Et ce sont les choix réels qu'il est enclin à faire si les bonnes conditions sont réunies, c'est-à-dire s'il est autorisé à exercer librement sa préférence de sorte que son organisme puisse exprimer sa propre nature.

2. Les conséquences des choix de croissance sont plus en accord avec ce que C. Daly King a appelé le « *paradic design* », avec l'utilisation réelle des capacités (au lieu de l'inhibition, l'atrophie ou la diminution) – utilisation des articulations, des muscles, du cerveau, des organes génitaux, etc. par opposition à leur non-utilisation ou leur utilisation conflictuelle ou inefficace, ou à la perte de leur usage.

3. Les conséquences de la croissance sont plus en accord avec la survie et l'expansion aux sens de Darwin et de Kropotkine. La croissance a davantage de valeur de survie que la régression et la défense (sous de « bonnes

conditions »). (La régression et la défense ont parfois davantage de valeur de survie pour un individu donné sous de « mauvaises conditions » – lorsque la subsistance est difficile, que les agents de satisfaction des besoins sont insuffisants, que les conditions sont celles d'intérêts mutuellement exclusifs, d'hostilité, de division, etc. Mais de « mauvaises » conditions signifient toujours que cette valeur de survie supérieure pour certains a pour contrepartie une valeur de survie inférieure pour d'autres. Cependant, la valeur de survie supérieure pour l'individu sous de « bonnes » conditions est « gratuite », c'est-à-dire qu'elle ne coûte rien à personne.)

4. La croissance est plus propre à remplir la définition de Hartman [27] du « bon » être humain. C'est une meilleure façon de réaliser davantage des caractéristiques distinctives du concept « être humain ». La régression et la défense, vivre au niveau de sécurité, sont un renoncement à nombre de ces caractéristiques « supérieures » au profit de la survie pure et simple. (De même peut-on définir les « mauvaises » conditions comme des conditions qui rendent possible la satisfaction des besoins inférieurs, au prix du renoncement à la satisfaction de besoins plus élevés.)

5. Le paragraphe précédent peut être abordé d'une manière un peu différente, ce qui introduit d'autres problèmes et un autre vocabulaire. Nous pouvons commencer par sélectionner le « meilleur spécimen », le modèle, le « spécimen type » des taxonomistes, c'est-à-dire le sujet le plus pleinement développé et le plus pleinement « caractéristique » des caractéristiques qui définissent l'espèce (le tigre le plus « tigre », le lion le plus léonin, le

chien le plus canin, etc.) de la même manière que le font actuellement les réunions des 4H au cours desquelles est sélectionné le jeune homme ou la jeune femme le plus sain. Si nous utilisons ce « meilleur spécimen », dans le sens du gardien de zoo ou du taxonomiste, comme modèle, alors la croissance revient à tendre vers ce modèle et la régression à s'en éloigner.

6. Il semblerait que le bébé non pathologique placé en situation de libre choix, avec de nombreuses options, tende à choisir son chemin vers la croissance plutôt que vers la régression [61]. De la même manière, une plante ou un animal sélectionne parmi les millions d'objets du monde ceux qui sont « bien » pour sa nature. Ce processus est fondé sur la propre nature biologique, chimique, physique de l'animal ou de la plante : ce que les radicelles laisseront entrer et ne laisseront pas entrer, ce qui peut être métabolisé et ce qui ne peut pas l'être, ce qui peut être digéré et ce qui ne peut pas l'être, si le soleil ou la pluie sont bienfaisants ou malfaisants, etc.

7. Très importante comme source de données pour soutenir le fondement biologique du choix de la croissance contre la régression est l'expérience que nous avons de la « thérapie du dévoilement » ou, comme j'ai commencé à l'appeler, la thérapie taoïste. Ce qui émerge ici est la vraie nature de l'individu, son identité, ses dispositions, ses goûts, sa vocation, ses valeurs en tant que membre de l'espèce humaine et ses valeurs idiosyncrasiques. Ces valeurs idiosyncrasiques sont si souvent différentes des valeurs idiosyncrasiques du thérapeute qu'on peut y voir une validation de notre propos, à savoir que la thérapie du dévoilement dévoile réellement et n'endoctrine pas [48].

RAISONS NATURELLES DE PRÉFÉRER LES VALEURS DE CROISSANCE

Les conditions propices au dévoilement ont déjà été explicitées, par Rogers notamment [82], et sont incluses dans notre conception plus générale et plus globale des « bonnes conditions ».

Les « bonnes conditions » peuvent être définies comme une bonne situation de libre choix. Tout ce dont l'organisme pourrait avoir besoin, tout ce qu'il pourrait choisir ou préférer, est là. Il n'y a pas de contrainte extérieure à choisir une action ou une chose plutôt qu'une autre. L'organisme est exempt de choix « appris » découlant d'habitudes passées, de la familiarisation, de conditionnements ou renforcements négatifs ou positifs et d'évaluations culturelles arbitraires (biologiquement). Il n'y a pas de récompense ou de sanction extrinsèque d'un choix plutôt que d'un autre. Il y a quantité de tout. Certaines conditions techniques du choix réellement libre sont remplies : les éléments entre lesquels le choix sera fait sont spatialement et temporellement contigus, le sujet dispose de suffisamment de temps, etc.

En d'autres termes, « bonnes conditions » signifient principalement (totalement ?) des conditions autorisant un choix réellement libre par l'organisme. Cela implique que les bonnes conditions permettent à la nature intrinsèque, instinctuelle, de l'organisme de se manifester à travers ses préférences. L'organisme nous apprend ce qu'il préfère et nous considérons à partir de là que ces préférences expriment ses besoins, c'est-à-dire tout ce qui lui est nécessaire pour être lui-même et pour l'empêcher de devenir moins que lui-même [61].

Néanmoins, il n'en va pas toujours ainsi. Pour commencer, il a été découvert chez plusieurs espèces qu'il existe de « bons choisisseurs » et de « mauvais choisisseurs » ; et il est possible que cela relève de la constitution, non seulement parmi les bébés animaux, mais aussi parmi les bébés humains. Certains bébés sont incapables de faire le bon choix en situation de libre choix, c'est-à-dire qu'ils tombent malades. Ensuite, cette « sagesse » du libre choix est souvent détruite chez l'être humain par des habitudes antérieures, le conditionnement culturel, la névrose, la maladie, etc.

En troisième lieu, ce qui est peut-être le plus important, l'enfant humain ne choisit pas la discipline, la contrainte, l'ajournement, la frustration, même lorsque c'est « bon pour lui ». La « sagesse » du libre choix semble fonctionner uniquement ou principalement pour l'instant immédiat. C'est une réponse à un champ présent ou à une situation actuelle. Elle ne prépare pas bien pour le futur. L'enfant est « ancré dans le présent » ; et bien que cela puisse ne pas constituer un handicap dans une société très simple, ne connaissant pas encore l'écriture, c'est un handicap considérable dans une société technologiquement avancée. Par conséquent, l'intelligence, le savoir et la prescience plus développés de l'adulte sont nécessaires comme instruments de contrôle sur l'enfant. Les êtres humains ont beaucoup plus besoin les uns des autres aux premiers stades de la vie que toute autre espèce. Il convient de mentionner aussi ici l'argument important de Goldstein [23] que les enfants, qui ne sont pas encore capables d'abstraction, ne peuvent fonctionner que parce que les adultes sont là pour le faire pour eux.

La définition des « bonnes conditions » pour les êtres humains admet donc des caractéristiques complémentaires des caractéristiques générales mentionnées ci-dessus, à savoir la disponibilité d'aînés bienveillants dont dépendre et (dans une société complexe) d'un grand nombre d'autres individus fraternels sur lesquels on peut compter pour remplir leur rôle dans la division du travail.

RAISONS NATURELLES DE PRÉFÉRER LES VALEURS DE CROISSANCE

Enfin, parce que les êtres humains ont des « besoins supérieurs » outre les « besoins inférieurs » qu'ils partagent avec les autres animaux et, dans la mesure où ces besoins – sécurité, appartenance, amour, respect – ne peuvent tous être satisfaits que par d'autres êtres humains, alors une situation de libre choix doit inclure la satisfaction de ces besoins supérieurs. Ce qui renvoie directement au problème de la nature de la mère, de la famille, de la subculture et de la culture au sens large. On peut définir les « bonnes conditions culturelles » en termes du même impératif (de situation de libre choix) que celui que nous avons déjà utilisé, à savoir qu'une « bonne culture » doit apporter la satisfaction des besoins supérieurs ainsi que la satisfaction des besoins inférieurs. Si l'on garde présent à l'esprit cet enrichissement de la définition, alors il n'est pas nécessaire de modifier la description ci-dessus, ce qui n'exclut pas qu'il soit en revanche nécessaire de développer une sociologie comparative des cultures saines et riches en vue de comprendre pleinement toutes les implications sociales de la définition [69].

Annexe I

Un exemple d'analyse ontique

Toute femme peut être envisagée sous l'aspect de l'éternité, dans sa dimension symbolique, comme une déesse, une prêtresse, une sibylle, comme la terre nourricière, les seins éternellement féconds, l'utérus d'où naît la vie, comme celle qui donne la vie, la créatrice de la vie. On retrouve également ces différentes dimensions dans les archétypes jungiens. J'ai pu pour ma part y parvenir avec des sujets se prêtant facilement à l'introspection en leur demandant directement de faire des associations libres avec un symbole donné. La littérature psychanalytique, naturellement, abonde en rapports de ce type. Toutes les études de cas solides rapportent de telles images symboliques, archaïques, de la femme, tant sous ses bons que sous ses mauvais aspects. (Les jungiens comme les kleiniens reconnaissent ainsi la mère grande et bonne et la mère sorcière comme des archétypes de base.) Une autre façon d'accéder à ces images est le rêve artificiel qui est suggéré sous hypnose. Elles peuvent sans doute aussi être explorées par les dessins spontanés, comme les thérapeutes par l'art l'ont souligné. Une autre possibilité encore est la technique de George Klein des deux cartes se succédant très rapidement de sorte que le symbolisme puisse être étudié. Toute personne ayant fait une psychanalyse accèdera très facilement à ce type de réflexion symbolique ou métaphorique dans ses rêves, associations libres, fantasmes ou rêveries. Il est alors possible de voir la femme sous l'aspect de son Être. Ou, pour dire les choses autrement, elle est envisagée dans sa dimension sacrée plutôt que profane ; ou sous l'angle de ce qui est saint, pieux ; ou du point de vue de l'éternité, de l'infini ; du point de vue de la perfection, du but ultime idéal, de ce qu'en principe toute femme aurait pu devenir. Nous retrouvons là la théorie de l'accomplissement de soi selon laquelle tout nouveau-né a en principe la capacité de devenir parfait ou sain ou vertueux bien que nous sachions pertinemment que dans la réalité la plupart ne le deviendront pas.

De l'autre côté, la femme envisagée dans sa dimension déficiente, dans le monde des déficiences, des inquiétudes, des obstacles, des angoisses, des guerres, des peurs et des douleurs, est profane plus que sacrée, temporaire plus qu'éternelle, particulière plus qu'universelle, etc. C'est là l'autre vérité des femmes : elles peuvent être méchantes, égoïstes, futiles, stupides, idiotes, vaches, frivoles, ennuyeuses, mesquines, dépravées. L'aspect déficient et l'aspect ontique sont tout aussi vrais l'un que l'autre.

Je veux insister ici sur le fait que nous devons nous efforcer de voir les deux, sous peine de conséquences psychologiques en tous points néfastes. Tout d'abord, si la femme est uniquement considérée comme une déesse, la madone, comme une beauté surnaturelle, comme sur un piédestal, comme dans le ciel ou au paradis, alors elle devient inaccessible à l'homme – on ne peut ni jouer avec elle ni lui faire l'amour. Elle n'est pas suffisamment terrestre ou charnelle. Dans les situations extrêmes où les hommes identifient effectivement la femme à la madone ou à la mère, souvent, ils deviennent impuissants et il leur est impossible d'avoir des relations sexuelles avec la femme. Cela n'est bon

UN EXEMPLE D'ANALYSE ONTIQUE

ni pour son plaisir à lui ni pour son plaisir à elle, d'autant qu'à voir des madones dans les unes, on voit souvent des prostituées dans les autres. Surgit alors tout le complexe madone-prostituée que les cliniciens connaissent si bien, et qui rend impossible toute relation sexuelle avec des femmes bonnes, nobles, parfaites, seules des femmes sales, mauvaises ou inférieures pouvant y prétendre. D'une manière ou d'une autre, il est nécessaire d'être capable de voir la femme ontique, la femme-déesse réellement noble et merveilleuse, et aussi la femme déficiente, à qui il arrive de transpirer, de sentir mauvais, d'avoir mal au ventre et avec laquelle on peut avoir des rapports sexuels.

Nous disposons d'une quantité impressionnante d'informations cliniques sur ce qu'il se passe lorsque les hommes ne peuvent voir les femmes que sous leur aspect déficient et sont incapables de les considérer aussi comme belles, nobles, vertueuses et merveilleuses. Ce genre d'attitude nourrit ce que Kirkendall appelle dans son livre sur la sexualité la « relation d'exploitation ». Elle peut devenir tout à fait néfaste pour l'homme comme pour la femme et les priver tous deux des plus grands plaisirs de la vie. Et en tout cas des plaisirs de l'amour, ce qui signifie aussi de la plupart des plaisirs sexuels (car les personnes qui ne peuvent aimer ne retirent pas le même type de frisson de l'acte sexuel que celles qui sont capables d'amour et de romantisme.) Les hommes qui ne voient les femmes que comme des objets sexuels et qui les appellent par des noms purement sexuels dépersonnalisent la femme comme si elle n'était pas suffisamment une personne pour mériter le nom d'être humain. C'est clairement mauvais pour elle – mais, d'une manière plus subtile, c'est aussi très mauvais pour lui, en ce sens que tout exploiteur est avili par le fait d'être un exploiteur. La possibilité d'être amis dans ce contexte maître-esclave est quasiment nulle, et l'homme et la femme, ces deux moitiés de l'espèce humaine, sont coupés l'un de l'autre. Ils ne connaîtront jamais les délices de ne faire qu'un, d'être des partenaires amicaux, affectionnés, aimants… Il y a des horreurs à ne voir la femme que dans l'une de ses dimensions, ontique ou déficiente ; l'objectif psychologiquement sain est de combiner les deux, ou de les alterner ou de les fusionner d'une manière ou d'une autre.

Comme nous allons le voir, cette fusion est à mon sens symptomatique du problème plus général de la réunion de la psychologie ontique et de la psychologie de la déficience, du sacré et du profane, de l'éternel et du temporel, de l'infini et du local, du parfait et de l'imparfait, et ainsi de suite.

Voir l'homme dans sa dimension ontique signifie également percevoir ses possibilités suprêmes, idéales, comme, dans le cas de Marion Milner par exemple, Dieu le Père, tout-puissant, celui qui a créé le monde et qui règne sur le monde des choses, le monde extérieur, le monde de la nature, et qui le change, le domine et le conquiert. Aussi, à ce niveau profond, Milner, et sans doute beaucoup d'autres femmes, identifieront l'homme noble, l'homme ontique, comme l'esprit de la rationalité, l'esprit de l'intelligence, du questionnement et de l'exploration, des mathématiques, etc. L'homme en tant qu'image du père est fort et capable, sans peur, noble, pur, ni insignifiant ni petit, un protecteur du faible, de l'innocent, de l'enfant et de la veuve et de l'orphelin, le chasseur et celui qui rapporte la nourriture. En second lieu, il peut être considéré archaïquement comme le maître et le conquérant de la nature, l'ingénieur, le charpentier, le bâtisseur, ce que la femme n'est généralement pas. Il est très probable que les femmes, lorsqu'elles entrent en humeur d'éternité, ou en attitude ontique, doivent voir l'homme de cette façon idéale même si elles ne peuvent pas voir leur homme à elles de cette manière. Le fait même qu'une femme soit insatisfaite de son homme peut constituer une indication qu'elle a à l'esprit une autre image ou une autre *imago* ou un autre idéal auxquels il ne satisfait pas. Je pense qu'un travail d'enquête montrerait que cet idéal est tel que Marion Milner l'a exprimé et tel qu'on le trouve également rapporté dans les travaux sur les schizophrènes conduits par John Rosen. Clairement, toute femme qui ne pourrait voir ainsi son homme (ou un homme) ne pourrait utiliser ni respecter les hommes, et quand bien même aurait-elle besoin d'un homme dans le monde des déficiences, elle serait, au plus profond d'elle-même, méprisante parce qu'il n'est pas à la hauteur du domaine ontique.

(Mentionnons ici que nous disposons d'une sorte de précurseur, de modèle de la femme ontique et de l'homme ontique dans l'attitude de l'enfant vis-à-vis de sa mère et de son père. À travers ses yeux, ils peuvent être vus comme parfaits, semblables à des dieux, etc. Cette attitude peut être conservée par tout enfant ayant la chance d'avoir une mère suffisamment bonne et un père suffisamment bon pour permettre la formation de telles attitudes, c'est-à-dire lui donner quelque notion de ce que peuvent être la femme idéalement bonne et l'homme idéalement bon.)

Si l'homme déficient, dans le monde des banalités, le monde de la lutte, etc. n'est pas nécessairement capable de provoquer l'attitude ontique chez sa femme, il semble pourtant que cela soit une nécessité pour qu'elle puisse l'aimer pleinement. À ce niveau profond, il est nécessaire pour elle d'être capable d'adorer un homme, de le regarder comme elle regardait autrefois son père, d'être capable de s'appuyer sur lui, de lui faire confiance, d'avoir le sentiment qu'il est fiable, qu'il est suffisamment fort pour qu'elle se sente précieuse, fragile, délicate et qu'elle puisse en toute confiance se pelotonner contre sa poitrine et le laisser s'occuper d'elle et des bébés, et du monde, et de tout le reste à l'extérieur de la maison. C'est tout particulièrement le cas lorsqu'elle est enceinte ou qu'elle élève des enfants. C'est alors qu'elle a le plus besoin d'un homme près d'elle pour s'occuper d'elle, la protéger, et servir de médiateur entre elle et le monde, pour aller chasser le cerf et trouver la nourriture, couper le bois, et ainsi de suite. Si elle ne peut pas voir son homme (ou n'importe quel homme) d'une manière ontique, alors cette confiance, ce respect, cette adoration, cet abandon peut-être, le désir de se donner à lui, le craindre un petit peu, s'efforcer de lui faire plaisir, l'aimer, tout cela devient en principe impossible. Il se peut qu'elle s'accorde bien avec lui mais au plus profond d'elle-même, il lui manquera quelque chose. Si elle ne peut percevoir en lui les qualités masculines ontiques suprêmes, éternelles, soit parce qu'il n'en est pas assez pourvu soit parce qu'elle est elle-même incapable d'avoir une vision ontique (les deux sont possibles), alors, de fait, elle n'a pas d'homme. Elle a peut-être un garçon, un fils, un enfant, une espèce de « neutre », un hermaphrodite, mais elle n'a pas d'homme au sens ultime. Et donc, elle doit être profondément et intimement malheureuse comme doit l'être toute femme sans homme. De la même manière, tout homme sans femme au sens ontique doit être profondément malheureux, rabougri, insatisfait, privé d'une expérience tout à fait fondamentale, d'une richesse fondamentale de la vie.

Si la femme (comme les prostituées et les call-girls au sujet desquelles les psychanalystes ont récemment écrit) ne peut avoir vis-à-vis des hommes qu'une attitude déficiente (à cause des défauts dans sa propre relation avec son père), alors on peut dire qu'elle est condamnée à ne jamais connaître le bonheur. De la même manière, l'homme déficient qui voit la femme seulement d'une manière déficiente, n'aura qu'une moitié de vie. La femme déficiente ou la femme qui ne peut voir les hommes que d'une manière déficiente ne pourra avoir de relation avec un homme sauf pour l'exploiter, avec tout ce que cela implique d'hostilité et de haine entre les sexes.

Si la femme ne peut voir son homme que comme un homme ontique, alors dans ce cas-là non plus elle ne pourra pas avoir de relations sexuelles avec lui, ou à tout le moins elle ne prendra pas de plaisir sexuel avec lui, parce que cela serait comme coucher avec son père ou un dieu, etc. Son homme doit être suffisamment simple pour ne pas lui inspirer trop de vénération. Il doit être accueillant, pour ainsi dire, faire partie du monde réel et ne pas être une sorte de figure éthérée, angélique, qui n'aura jamais une érection ni de désir sexuel, etc. Ajoutons qu'une femme qui tend à voir l'homme, son homme, d'une manière uniquement ontique est choquée chaque fois qu'il se comporte de la manière déficiente, normale, naturelle, humaine, quotidienne, c'est-à-dire s'il va aux toilettes, s'il montre qu'il est faillible ou s'il n'est pas parfait. Puisqu'elle tend à être horrifiée, choquée, désappointée, déçue par son comportement déficient, elle ne pourra jamais vivre avec aucun homme (tout homme la choquerait et la décevrait parce qu'aucun homme n'est seulement un homme ontique).

L'homme harmonieux, le plus désirable que nous connaissions, est une combinaison de l'ontique et du déficient. La même chose est vraie de la femme harmonieuse, une combinaison de l'ontique et du déficient. Elle doit être capable d'être une madone, en partie ; elle doit être capable d'être maternelle ; elle doit être capable d'être sainte ; elle doit être capable de susciter l'admiration et le respect dans le cœur de l'homme, parfois ; mais aussi, elle doit redescendre sur terre, et l'homme doit pouvoir la voir revenir sur terre sans être choqué.

La vérité est qu'elle aussi va aux toilettes, et qu'elle transpire, qu'elle a des maux de ventre, qu'elle grossit, et ainsi de suite. Elle est de la terre ; et s'il a besoin de la faire du ciel seulement, alors les problèmes sont inévitables.

La vérité, donc, est que toute femme, en particulier pour celui qui sait regarder, pour l'homme sensible, pour l'homme le plus esthète, le plus intelligent, pour l'homme le plus sain, peut être regardée d'une manière ontique, avec une connaissance ontique, aussi putassière ou psychopathe ou intéressée puisse-t-elle être, odieuse criminelle ou sorcière. La vérité est qu'à certains moments elle entrera soudainement dans sa dimension de déesse, en particulier lorsqu'elle remplit ces fonctions biologiques que les hommes considèrent comme fondamentalement féminines : bercer, nourrir, donner la vie, s'occuper des enfants, laver le bébé, être belle, sexuellement attirante, etc. Seul un homme carrément rabougri et diminué serait incapable de ne jamais voir tout cela. (Un homme réduit au concret peut-il voir une femme de manière ontique ?) L'homme qui n'est conscient que des caractéristiques déficientes de la femme ne vit pas la vie unifiée, ne voit pas le paradis sur terre, est aveugle aux caractéristiques éternelles qui existent tout autour de lui. Pour dire les choses crûment, pareil homme est aveugle à certains aspects du monde réel.

Comment, dès lors, ne pas voir que les individus devraient apprendre à envisager le monde et les autres d'une manière plus intuitive ou ontique ? Non seulement les hommes devraient-ils percevoir les aspects ontiques des femmes mais les femmes elles-mêmes devraient de temps à autre sentir leurs propres aspects ontiques : se sentir prêtresses à certains moments, se sentir symboliques lorsqu'elles allaitent le bébé, soignent le soldat blessé ou pétrissent le pain. Si nous devenons pleinement conscients de cette double nature de tout individu, alors nous

UN EXEMPLE D'ANALYSE ONTIQUE

verrons plus souvent la femme qui met le repas sur la table pour sa famille comme accomplissant un rituel ou une cérémonie telle une danse rituelle ou cérémonielle dans un lieu religieux (rituel en ce sens qu'elle ne fourre pas seulement une côtelette d'agneau dans la bouche de son homme ou ne remplit pas seulement sa panse mais reconstitue, d'une manière dramatique, symbolique, poétique, la relation éternelle entre l'homme et la femme). Symboliquement, c'est presque comme si elle donnait à son mari le sein d'où jaillissent le lait, les aliments, la vie, la nourriture. On peut le voir de cette façon et elle prend alors les nobles dimensions de la prêtresse de quelque antique religion.

De même, avec cette sensibilité, nous deviendrait-il possible de considérer l'homme qui rentre à la maison avec son salaire comme rejouant le rituel immémorial de l'homme qui ramène à la maison l'animal qu'il a tué au cours d'une chasse et le jette par terre avec orgueil pour sa femme, ses enfants et ses gens, qui le regardent avec admiration parce qu'eux ne peuvent le faire et que lui le peut. Certes, il est plus difficile de voir l'homme ontique sous cet aspect du chasseur et du protecteur dans un homme qui est comptable dans un bureau au milieu de trois mille autres comptables. Reste qu'il peut être vu ainsi et le devrait. De même du fait hautement respectable qu'il assume volontairement la responsabilité de subvenir aux besoins de sa famille ; cette attitude aussi peut être envisagée de manière ontique, comme un acte ancien et sacré. Une éducation appropriée pourrait réellement aider les femmes à prendre conscience de ces aspects fondamentaux, symboliques, archaïques, rituels, cérémoniels de leurs maris, et permettre à l'homme aussi d'éprouver une légère sensation de sainteté lorsqu'il accomplit l'antique rituel de pénétrer sa femme ou de prendre la nourriture qu'elle lui donne ou de la faire se déshabiller librement devant lui ou d'être ému, reconnaissant et plein d'humilité quand il la retrouve à l'hôpital où elle vient d'accoucher, ou même face à la cérémonie de la menstruation. L'homme qui paye une facture avec de l'argent simplement gagné, en vendant des chaussures par exemple, n'est-il pas le digne héritier des hommes des cavernes et de la façon dont ils s'occupaient de leur famille ?

Au lieu d'être considérée comme une nuisance locale et temporaire, la menstruation peut être vue comme un drame biologique en rapport direct avec le rythme biologique très profond de la reproduction et de la vie et de la mort. Chaque menstruation, après tout, représente un bébé qui aurait pu être. L'homme peut la considérer strictement comme un mystère parce que c'est quelque chose qu'il ne lui sera jamais donné de vivre, quelque chose dont il ne sait rien, quelque chose qui est le secret de la femme. On a pu dire des menstrues qu'elles étaient les larmes d'un utérus déçu ; voilà qui les place sans équivoque dans le domaine ontique et en fait une cérémonie sacrée et non un accident dégoûtant ou une « malédiction ».

Dans pratiquement toutes les cultures primitives, comme l'a montré Mircea Eliade, toutes ces choses sont envisagées d'une manière plus sainte, plus sacrée, c'est-à-dire comme des rituels, des cérémonies et des mystères. La cérémonie de la puberté, dont nous ne faisons rien, est extrêmement importante chez les cultures les plus primitives. Lorsque la jeune fille a ses règles pour la première fois et devient une femme, c'est réellement un événement important et une cérémonie importante ; et c'est aussi réellement, au sens le plus profond, le plus humain, le plus naturel, un grand moment religieux dans la vie non seulement de la jeune fille mais aussi de toute la tribu. Elle pénètre alors dans le cercle de celles qui peuvent porter et donner la vie ; de même pour la puberté du jeune homme ; et encore les cérémonies de la mort, de la vieillesse, du mariage, des mystères de la femme, des mystères de l'homme. Je pense qu'une analyse des cultures primitives ou ne connaissant pas l'écriture montrerait qu'elles gèrent souvent la vie unifiée mieux que nous ne le faisons, au moins pour ce qui est des relations entre les sexes et entre les adultes et les enfants. Elles combinent mieux que nous l'ontique et le déficient, comme l'a si bien montré Eliade. Il a défini les cultures primitives comme différentes des cultures développées en ce qu'elles ont conservé leur sens du sacré vis-à-vis des choses biologiques fondamentales de la vie.

Nous devons nous souvenir, après tout, que tous ces événements sont de purs mystères. Ils ont beau se produire des millions de fois, ils demeurent des mystères. Perdre notre sens du mystérieux, du terrible, perdre notre sens de l'admiration devant ce qui nous dépasse, de l'humilité, de l'étonnement, du hasard heureux, se serait perdre une capacité humaine tout à fait réelle et fondamentale et nous en serions diminués.

Percevoir de la sorte peut aussi constituer une puissante thérapie personnelle. Une fois de plus, la vérité est que toute femme, toute jeune fille, tout homme, tout jeune garçon, tout enfant est en fait un objet ontique mystérieux, merveilleux, cérémoniel et rituel. Pour la plupart, les sociétés très simples font grand cas de la femme et de sa fonction de procréation et de tout ce qui s'y rapporte. Aujourd'hui, bien sûr, leurs cérémonies autour du placenta, du cordon ombilical ou du sang menstruel, et leurs diverses cérémonies de lavage, peuvent nous paraître ridicules et relever de la superstition. Pourtant, le fait demeure que ces cultures conservent sa dimension mythologique (archaïque, poétique, symbolique) à toute cette sphère de la vie ; à travers ces rituels, elles lui conservent sa nature sacrée. Même lorsque les rituels sont fortement contraignants pour la femme, comme dans le cas des huttes menstruelles par exemple, où toutes les femmes ayant leurs règles doivent se cacher de tout contact humain pendant une semaine entière et prendre ensuite des bains rituels, etc., cela n'est-il pas préférable à certains égards au fait de considérer la chose comme allant d'elle-même ? Une femme qui vit ce genre de choses doit penser que sa menstruation et son sang menstruel peuvent être puissants et dangereux. Elle doit, par conséquent, se considérer elle-même comme une personne douée d'une certaine puissance, capable d'être dangereuse. Elle compte, elle est importante. Et je pense que cela n'est pas neutre pour son estime de soi en tant que femme. (Je me souviens d'un dessin humoristique émouvant de James Thurber, sans légende, d'une femme traînant derrière elle quatre adorables enfants qui rencontre une chienne traînant derrière elle quatre adorables chiots. Les deux mères sont surprises à se retourner pour se regarder dans les yeux, avec sympathie, compréhension, tendresse, comme deux sœurs.)

La même chose pourrait être vraie pour l'homme aussi, si tous ses mystères étaient considérés comme de vrais mystères : le fait qu'il puisse avoir des érections et éjaculer des spermatozoïdes, que ceux-ci soient vivants, qu'ils nagent, que d'une manière mystérieuse ils puissent entrer dans l'ovule et faire qu'un enfant se développe, etc. Dans de nombreux mythes, l'homme qui a des relations sexuelles avec sa compagne est considéré comme un fermier, un homme avec une charrue, ou un homme qui sème des graines ou qui féconde la terre. Son éjaculation alors n'est pas seulement le déversement anodin de quelque chose : elle devient autant une cérémonie, une cérémonie mystérieuse, inspirant l'admiration et la piété, que toute cérémonie religieuse comme la messe, la danse du soleil, etc. De la même manière, il serait souhaitable que nous apprenions à nos adolescents à penser à leur pénis, par exemple, comme le font les adorateurs phalliques, comme à des objets beaux et saints, dignes de respect et d'admiration, mystérieux, gros et forts, sans doute dangereux et dignes de crainte, comme des miracles qui ne sont pas compris. Si nous pouvons enseigner cela à nos jeunes hommes, sans parler de nos jeunes femmes, alors tout garçon deviendra le porteur d'une chose sacrée, d'un sceptre, de quelque chose que la nature lui a donné qu'aucune femme ne pourra jamais avoir. Nous lui apportons ainsi une estime de soi suprême et irréductible qui est sienne par la simple vertu qu'il est un mâle, un homme avec un pénis et des testicules, qui devraient parfois impressionner la femme et l'homme aussi. Cette attitude ontique devrait l'aider à garder un sens du sacré chaque fois qu'il a une éjaculation et l'aider à envisager son orgasme comme le font les tantristes et d'autres sectes religieuses, une expérience unificatrice, une expérience sacrée, un symbole, comme un miracle et comme une cérémonie religieuse.

Toute femme un tant soit peu sensible aux questions philosophiques doit de temps à autre être impressionnée par les tempêtes de désir sexuel qu'elle peut éveiller chez son homme et aussi par son pouvoir d'apaiser et de calmer ces tempêtes. Il faut y voir un pouvoir semblable à celui d'une déesse et il doit, par conséquent, être l'un des socles de son estime de soi biologique en tant que femme. Quelque chose de similaire peut être vrai pour l'estime de soi masculine, dans la mesure où l'homme est capable d'éveiller et d'apaiser les tempêtes sexuelles de sa compagne.

Ce type de perception et de conscience devrait pouvoir aider tout homme et toute femme à connaître le transcendant et l'unifié, tant en soi-même que dans l'autre. Alors, l'éternel devient visible dans et à travers le particulier, le symbolique et le platonique peuvent être vécus dans et à travers les circonstances concrètes, le sacré fusionner avec le profane, et l'individu transcender l'univers du temps et de l'espace tout en participant de cet univers.

Notes et références

NOTES

Préface

1. Il m'a semblé utile de différencier les attitudes et expériences religieuses subjectives et naturelles des Religions institutionnalisées, conventionnelles, organisées, en utilisant un « r » minuscule pour les premières – la religion avec un petit « r » –, et le « R » majuscule pour la Religion avec un grand « R ».
2. La série d'articles « Outsider » de Colin Wilson fournira tous les exemples nécessaires.
3. Les chiffres entre parenthèses renvoient aux sources bibliographiques.
4. Voir mon article « A Theory of Metamotivation : the Biological Rooting of the Value-Life », *Journal of Humanistic Psychology*, 1967, VII, 93-127.
5. Voir ma liste du réseau Eupsychian en annexe de l'édition revue (1968) de mon livre *Toward a Psychology of Being* [70].
6. Pour les implications du mode de questionnement, voir mon livre *Eupsychian Management : A Journal* (1965) [69] et mon article « Some Fundamental Questions that Face the Normative Social Psychologist », *Journal of Humanistic Psychology*, 1968, VIII.

Chapitre 1

1. En fait, cette identité est si profondément ancrée dans la langue anglaise qu'il est presque impossible de parler de la « vie spirituelle » (une expression déplaisante pour un scientifique et en particulier pour un psychologue) sans avoir recours au vocabulaire de la religion traditionnelle. Mais c'est pour l'heure le seul vocabulaire satisfaisant dont nous disposons ; un petit voyage dans le dictionnaire suffit à le prouver. Cela constitue un problème presque insurmontable pour l'auteur qui est résolu à démontrer que la base commune de toutes les religions est humaine, naturelle, empirique et que ce que l'on appelle les valeurs spirituelles peuvent aussi être inférées de l'ordre de la nature. Mais je n'ai à ma disposition pour cette tâche « scientifique » que le seul langage théiste.

   Peut-être puis-je me sortir de ce mauvais pas terminologique d'une autre manière. Aux mots « sacré », « divin », « saint », « esprit », « péché », « prière », « oblation », « action de grâce », « adoration », « piété », « salut », « vénération », le dictionnaire vous dit le plus souvent qu'ils se réfèrent à un Dieu ou à une religion au sens surnaturel. Ce que j'ai à dire ici, c'est que tous ces mots sans exception, et beaucoup d'autres mots « religieux », m'ont été rapportés par des individus non théistes dans leur effort pour décrire des événements subjectifs particuliers intervenus lors d'expériences paroxystiques et d'illuminations « non religieuses » (dans le sens conventionnel). Ces mots sont les seuls disponibles pour décrire certains événements du monde naturel. Ce vocabulaire est celui d'une théorie que d'aucuns ont éprouvé le besoin de développer pour rendre compte de ces événements subjectifs, une théorie qui n'est plus nécessaire. J'utiliserai donc ces mots puisque je n'en ai pas d'autres, en référence à des événements subjectifs vécus par des êtres humains sans impliquer nécessairement de connotation surnaturelle. J'affirme qu'il n'est pas nécessaire d'en appeler à des principes extérieurs à la nature et à la nature humaine pour expliquer ces expériences.

2. C'est une notion d'autant plus inouïe dans le contexte de cet essai que le comportement humain est tout aussi bien une défense contre des motivations, des émotions et des impulsions. C'est-à-dire que c'est un moyen de les inhiber et de les cacher tout autant que c'en est une expression. Le comportement est souvent un moyen d'empêcher l'expression manifeste de tout ce dont je parle, comme peut l'être aussi la langue parlée. Comment dès lors expliquer la diffusion rapide de cette expression sectaire et inepte qui empeste la théorie : « les sciences du comportement » ? Je confesse que cela m'échappe.

Chapitre 3

1. Si nous poussions plus loin notre analyse, nous découvririons que par delà la découverte de la généralité de toutes les expériences paroxystiques, il y a aussi des facteurs « spécifiques » à chaque expérience qui les différencient dans une certaine mesure les unes des autres. Cette relation du particulier au général est comme du personnage au tableau d'ensemble – qui ressemble à ce qu'a décrit Spearman pour les facteurs « g » et « s » dans le domaine de l'intelligence.

   Je ne discute pas ici ces facteurs « g » et « s » parce que le facteur « g » est beaucoup plus important pour le problème qui nous occupe, à son stade de développement.

2. Voir Laski [42].

3. Je n'ai fait aucun effort dans ce chapitre, ni dans ce qui suit, pour équilibrer les arguments en détaillant les vertus et même la nécessité des organisations et des hommes d'organisation. J'en ai parlé ailleurs [69].

Chapitre 4

1. Je viens juste de tomber sur des affirmations similaires dans l'autobiographie de Jung [35] : « Le péché fondamental de la foi, me semble-t-il, a été de détourner de l'expérience... et a confirmé ma conviction qu'en matière de religion, seule l'expéri-

ence compte. » « Je suis naturellement conscient que les théologiens sont dans une situation plus difficile que les autres. D'un côté, ils sont plus proches de la religion, mais de l'autre, ils sont davantage tenus par l'église et le dogme. » (J'ose croire que nous sommes tous conscients qu'il est plus facile d'être « pur » à l'extérieur d'une organisation, qu'elle soit politique, religieuse, économique ou, en l'occurrence, scientifique. Et pourtant, nous ne pouvons nous passer d'organisations. Peut-être un jour inventerons-nous des organisations qui ne « paralysent » pas ?)

2. Le chapitre 1, « Religion versus the Religious » (et en particulier les deux derniers paragraphes) de l'essai de John Dewey *A Common Faith* est en rapport direct avec le thème du présent chapitre. De fait, je conseille la lecture du livre de Dewey à tous ceux qui s'intéressent à mes thèses.

Chapitre 5

1. Par exemple, mes études des « individus accomplis », c'est-à-dire des personnes pleinement épanouies et réalisées, montrent clairement que les êtres humains à leur meilleur sont, dans leur propre nature, beaucoup plus dignes d'admiration (semblables à des dieux, héroïques, grands, divins, inspirant le respect et l'admiration, dignes d'amour, etc.) qu'on ne l'a jamais envisagé. Il n'y a pas besoin d'ajouter un déterminant non naturel pour rendre compte de la sainteté, de l'altruisme, de l'héroïsme, de la transcendance, de la créativité, etc. Au cours de l'histoire, il a été fait bien peu de cas de la nature humaine, par manque, essentiellement, de connaissance des possibilités supérieures de l'homme, de la dimension qu'il peut atteindre quand on lui en laisse la possibilité.

2. Voir le numéro de février 1950 de *Partisan Review* sur le thème « La Religion et les Intellectuels ». Voir aussi Franklin L. Baumer, *Religion and the Rise of Skepticism* (New York, Harcourt, Brace & Co, 1960).

NOTES ET RÉFÉRENCES

Chapitre 6

1. Il faut noter (parce que cela peut contredire ma thèse) que ces critiques générales des religions libérales s'appliquent également aux quakers bien que leur doctrine originelle repose sur l'expérience intérieure, personnelle, quasi mystique. Aujourd'hui, eux aussi tendent à n'être qu'apolloniens et n'ont pas de place respectable pour le Dionysien, pour le « chaud » non plus que pour le « formidable ». Eux aussi sont rationnels, solennels et comme il faut, et ignorent l'ombre, l'extravagance et la folie, rechignant, semble-t-il, à attiser des émotions orgiaques. Ils se sont eux aussi bâtis une philosophie de la bonté qui ne fait aucune place au maléfique. Ils n'ont pas encore incorporé Freud et Jung dans leurs fondations, pas plus qu'ils n'ont découvert que les profondeurs de l'inconscient personnel sont la source de la joie, de l'amour, de la créativité, du jeu et de l'humour aussi bien que des impulsions dangereuses et folles.

    Ne connaissant pas bien la Société des Amis, je ne peux dire pourquoi il en est ainsi. Ce n'est certes pas à cause d'une confiance aveugle dans la science du XIXe siècle.

2. On a pu dire qu'un homme « ne peut être à l'aise ni avec la solution catholique du problème religieux ni avec la dissolution rationaliste du problème ». Les « libéraux » qui abandonnèrent l'illusion d'un dieu à l'image d'un père humain, qui se révoltèrent contre un dieu tout puissant, contre un *establishment* bigot revendiquant ambitions et pouvoir politiques, contre des dogmes et des rituels vidés de toute substance, ont aussi renoncé, de manière tout à fait inutile, aux desseins véritables, profonds et nécessaires de tous les humanistes et de toutes les religions humanistes dignes de ce nom : surmonter les limites d'un ego prisonnier de lui-même, se rattacher avec harmonie au cosmos, essayer de devenir tout ce qu'un être humain peut être, etc. (Je conseille au lecteur curieux, intéressé par des réponses plus anciennes à ces questions, de se pencher sur le transcendantalisme de Nouvelle-Angleterre et ses relations avec l'unitarisme.)

Chapitre 7

1. « Quelle misère que ma fille ait quitté l'école en dernière année juste avant de finir son éducation ! »
2. Le professeur Pangloss aurait été enchanté de voir que tout le savoir humain se trouve tomber exactement en tranches de trois UV à l'image des quartiers d'une mandarine, et qu'il se trouve aussi qu'elles durent toutes exactement le même nombre d'heures de cours.
3. « Qui ne connaît pas l'*Iliade* ne peut se dire cultivé » (ou le droit constitutionnel ou la chimie ou la géométrie descriptive, etc. etc.). Qu'on en juge : une université que j'ai fréquentée refusait de donner son diplôme à l'étudiant qui ne savait pas nager. Une autre exigea que je suive le cours de composition anglaise pour débutants alors que j'avais des articles sous presse prêts à être publiés. La politique des universités est suffisamment bête pour nous offrir en la matière encore bien plus d'exemples que nous n'en avons besoin.

Chapitre 8

1. F.L. Baumer [6] parle d'individus qui peuvent « être reconnus précisément par le fait que les questions fondamentales ne sont plus mentionnées du tout par ces purs laïcistes ».
2. *Manas*, 17 juillet 1963.

Annexe B

1. Tiré de Maslow, *Toward a Psychology of Being*, Copyright 1962, D. Van Nostrand Company Inc., Princeton, N.J.

BIBLIOGRAPHIE

1. ALLEN, R., HAUPT, T., et JONES, R. « Analysis of Peak-Experiences Reported by Students », *Journal of Clinical Psychology*, 1964, XX, 207-212.
2. ALLPORT, G. *Becoming.* New Haven, Conn., Yale University Press, 1955.
3. —. *The Individual and His Religion.* New York, Macmillan Co., 1950.
4. —. *Pattern and Growth in Personality.* New York, Holt, Rinehart & Winston, Inc., 1961. (*Structure et Développement de la personnalité*, Neuchâtel-Paris, Delachaux et Niestlé, 1970.)
5. ANGYAL, A. Notes non publiées sur la psychothérapie et la religion.
6. BAUMER, F.L. *Religion and the Rise of Skepticism.* New York, Harcourt, Brace & Co., 1960.
7. BERTOCCI, P., et MILLARD, R. *Personality and the Good.* New York, David McKay Co., Inc., 1963.
8. BOISEN, A. *The Exploration of the Inner World.* New York, Harper & Row, 1962.
9. BONNER, H. *Psychology of Personality.* New York, Ronald Press Co., 1961.
10. BUCKE, R. *Cosmic Consciousness.* New York, E. P. Dutton & Co., Inc., 1923. (*La Conscience Cosmique*, Villeneuve-Saint-Georges, Éditions Rosicruciennes, 1989.)
11. BUHLER, C. *Values in Psychotherapy.* New York, Free Press of Glencoe, Inc., 1962.
12. COLEMAN, J. *Personality Dynamics and Effective Behavior.* Chicago, Scott, Foresman & Co., 1960.
13. COMBS, A. (éd.). *Perceiving, Behaving, Becoming: A New Focus for Education.* Washington, D.C., Association for Supervision and Curriculum Development, 1962.

14. DEWEY, J. *A Common Faith*. New Haven, Conn., Yale University Press, 1934.
15. ELIADE, M. *The Sacred and the Profane*. New York, Harper & Bros., 1961. (*Le Sacré et le Profane*, Paris, Gallimard, 1987.)
16. « An Essential of Religion », *Manas, Vol.* XVI, 13 février 1963.
17. FRANKL, V. *From Death Camp to Existentialism*. Boston, Beacon Press, 1963.
18. FREUD, S. *Collected Papers*, 4 vols. London, Hogarth Press, Ltd., 1956.
19. —. *The Future of an Illusion*. New York, Liveright Publishing Corp., 1949. (*L'avenir d'une illusion*, Paris, PUF, 2002.)
20. FROMM, E. *Man for Himself*. New York, Rinehart & Co., Inc., 1947.
21. —. *Psychoanalysis and Religion*. New Haven, Conn., Yale University Press, 1950.
22. —. SUZUKI, D.T., et DEMARTINO, R. *Zen Buddhism and Psychoanalysis*. New York, Harper & Bros., 1961. (*Bouddhisme Zen et Psychanalyse*, Paris, PUF, 1971.)
23. GOLDSTEIN, K. *Human Nature*. New York, Shocken Boob, 1963.
24. —. *The Organism*. Boston, Beacon Press, 1963. (*La Structure de l'organisme*, Paris, Gallimard, 1951.)
25. GOODENOUGH, E.R. *Toward a Mature Faith*. New Haven, Conn., Yale University Press, 1955.
26. HALMOS, P. *Towards a Measure of Man*. London, Kegan Paul, 1957.
27. HARTMAN, R. « The Science of Value », in *New Knowledge in Human Values*, éd. A.H. Maslow. New York, Harper & Bros., 1959.
28. HARTMANN, H. *Psychoanalysis and Moral Values*. New York, International Universities Press, Inc., 1960.
29. HORNEY, K. *Neurosis and Human Growth*. New York, W.W. Norton & Co., Inc., 1950. (*La personnalité névrotique de notre temps*, Paris, Éditions de l'Arche, 1990.)

NOTES ET RÉFÉRENCES

30. HUXLEY, A. *The Perennial Philosophy.* New York, Harper & Bros., 1944. (*La Philosophie Éternelle*, Paris, Le Seuil, 1997.)

31. HUXLEY, J. *Religion Without Revelation.* New York, Mentor Books, 1958. (*Religion sans révélation*, Paris, Stock, 1968.)

32. JAMES, W. *Varieties of Religious Experience.* New York, Modern Library, Inc.

33. JOHNSON, R.L. *Watcher on the Hills.* New York, Harper & Bros., 1959.

34. JOURARD, S. *Personal Adjustment.* Éd. révisée. New York, Macmillan Co., 1963.

35. JUNG, C.G. *Memories, Dreams, Reflections.* London, Collins, Routledge & Kegan Paul, Ltd., 1963. (*Souvenirs, Rêves et Pensées*, Paris, Gallimard, 1971.)

36. —. *Modern Man in Search of a Soul.* New York, Harcourt, Brace & Co., 1933.

37. —. *Psychology and Religion.* New Haven, Conn., Yale University Press, 1938. (*Psychologie et religion*, Paris, Buchet/Chastel, 1994.)

38. KING, C.D. « The Meaning of Normal », *Yale Journal of Biology and Medicine,* XVII, 1945, 493-501.

39. KOESTLER, A. *The Lotus and the Robot.* London, Hutchinson & Co., Ltd., 1960.

40. KRUTCH, J.W. *Human Nature and the Human Condition.* New York, Random House, 1959.

41. —. *The Measure of Man.* New York, Bobbs-Merrill Co., 1954.

42. LASKI, M. *Ecstasy.* London, Cresset Press, Ltd., 1961.

43. LESHAN, L., et LESHAN, E. « Psychotherapy and the Patient with a Limited Life Span », *Psychiatry,* XXIV, 1961, 318-23.

44. MACLEOD, R. *Religious Perspectives of College Teaching in Experimental Psychology.* New Haven, Conn., Edward W. Hazen Foundation, 1952.

45. MANUAL, F. *The Eighteenth Century Confronts the Gods.* Cambridge, Mass., Harvard University Press, 1959.

46. MASLOW, A.H. « The Authoritarian Character Structure », *Journal of Social Psychology*, XVIII, 1943, 401-411.

47. —. « Comments on Skinner's Attitude to Science », *Daedalus*, XC, 1961, 572-73.

48. —. « Isomorphic Interrelations between Knower and Known », in *Sign, Image, Symbol*, éd. G. Kepes. New York, George Braziller, Inc., 1966.

49. —. « The Creative Attitude », *The Structurist*, No. 3, 1963, pp. 410.

50. —. « Criteria for Judging Needs To Be Instinctoid », *Proceedings of the International Congress of Psychology*, 1963.

51. —. « Emotional Blocks to Creativity », *Journal of Individual Psychology*, XIV, 1958, 51-56.

52. —. « Eupsychia—The Good Society », *Journal of Humanistic Psychology*, I, 1961, 1-11.

53. —. « Further Notes on Being-Psychology », *Journal of Humanistic Psychology*, III, 1963, 120-35.

54. —. « Fusions of Facts and Values », *American Journal of Psychoanalysis*, XXIII, 1963, 117-31.

55. —. « The Influence of Familiarization on Preferences », *Journal of Experimental Psychology*, XXI, 1937, 162-80.

56. —. et DIAZ-GUERRERO, R. « Juvenile Delinquency as a Value Disturbance », in *Festschrift for Gardner Murphy*, éd. 1. Peatman & E. Hartley. New York, Harper & Bros., 1960.

57. —. « Lessons from the Peak-Experiences », *Journal of Humanistic Psychology*, II, 1962, 9-18.

58. —. « Mental Health and Religion », in *Religion, Science and Mental Health*. New York, New York University Press for the Academy of Religion and Mental Health, 1959.

59. —. *Motivation and Personality*. New York, Harper & Bros., 1954, 2e éd., 1970.

60. —. « The Need To Know and the Fear of Knowing », *Journal of General Psychology*, LXVIII, 1963, 111-25.

61. —. (éd.). *New Knowledge in Human Values.* New York, Harper & Bros., 1959.

62. —. « Notes on Being-Psychology », *Journal of Humanistic Psychology,* II, 1962, 47-71.

63. —. « Notes on Innocent Cognition », in *Gegenswartsprobleme der Entwicklungspsychologie: Festschrift fur Charlotte Bühler,* éd. H. Thomae. Gottingen, Verlag fur Psychologie, 1963.

64. —. « A Philosophy of Psychology », *Main Currents,* XIII, 1956, 27-32.

65. —. « Power Relationships and Patterns of Personal Development », in *Problems of Power in American Democracy,* éd. A. Kornhauser. Detroit, Wayne State University Press, 1957.

66. —. « The Scientific Study of Values », *Proceedings of the 7th Congress of Inter-American Society of Psychology.* Mexico City, 1963.

67. —. « Some Frontier Problems in Mental Health », in *Personality Theory and Counseling Practice,* éd. A. Combs. Gainesville, Fla., University of Florida Press, 1961.

68. —. RAND, H., et NEWMAN, S. « Some Parallels between the Dominance and Sexual Behavior of Monkeys and the Fantasies of Patients in Psychotherapy », *Journal of Nervous and Mental Disease,* CXXXI, 1960, 202-212.

69. —. *Eupsychian Management: A Journal.* Homewood, Ill., Irwin-Dorsey, 1965. (Nouvelle édition : *Maslow on Management,* New York, John Wiley & Sons, Inc., 1998.)

70. —. *Toward a Psychology of Being.* Princeton, N.J., D. Van Nostrand Co., Inc., 1962, 2ᵉ éd., 1968. (*Vers une psychologie de l'Être,* Paris, Fayard, 1972.)

71. —. « Two Kinds of Cognition and Their Integration », *General Semantics Bulletin,* Nos. 20, 21, 1957, 17-22.

72. MAY, R. (éd.). *Existential Psychology.* New York, Random House, 1961.

73. MOWRER, O.H. *The Crisis in Psychiatry and Religion.* Princeton, N.J., D. Van Nostrand Co., Inc., 1961.

74. MUMFORD, L. *The Transformations of Man*. New York, Harper & Bros., 1956. (*Les transformations de l'homme*, Paris, Payot, 1974.)
75. MURPHY, G. *Human Potentialities*. New York, Basic Boob, Inc., 1958.
76. NOWLIS, D. « The Phenomenology of Transcendence ». Thèse de Doctorat non publiée, Harvard University, 1963.
77. OATES, W. *What Psychology Says about Religion*. New York, Association Press, 1958.
78. OTTO, R. *The Idea of the Holy*. New York, Oxford University Press, 1958.
79. PRATT. J.B. *Eternal Values in Religion*. New York, Macmillan Co., 1950.
80. PROGOFF, I. *The Death and Rebirth of Psychology*. New York, Julian Press, Inc., 1956.
81. RANK, O. *Beyond Psychology*. Scranton, Pa., Haddon Craftsmen, Inc., 1941.
82. ROGERS, C. *On Becoming a Person*. Boston, Houghton Mifflin Co., 1961. (*Le Développement de la personne*, Paris, Dunod, 1988.)
83. THORNE, F.C. « The Clinical Use of Peak and Nadir Experience Reports », *Journal of Clinical Psychology*, XIX, 1963, 248-50.
84. TILLICH, P. *The Courage To Be*. New Haven, Conn., Yale University Press, 1952. (*Le courage d'être*, Paris, Le Cerf, 1999.)
85. TOYNBEE, A. *A Study of History*. Vol. XII. New York, Oxford University Press, 1961. (*L'Histoire*, Paris-Bruxelles, Elsevier Sequoia, 1978.)
86. VOGT, V.O. *Art and Religion*. Boston, Beacon Press, 1960.
87. WARMOTH, A. « A Note on the Peak Experience as a Personal Myth », *Journal of Humanistic Psychology*, 1965, V, 18-21.
88. —. « The Peak Experience and the Life History », *Journal of Humanistic Psychology*, III, 1963, 86-91.
89. WHEELIS, A. *The Quest for Identity*. New York, W.W. Norton & Co., Inc., 1958.

NOTES ET RÉFÉRENCES

90. WILSON, C. *Religion and the Rebel.* Boston, Houghton Mifflin Co., 1957.
91. —. *The Stature of Man.* Boston, Houghton Mifflin Co., 1959.
92. ZINKER, J. « Rosa Lee, Motivation and the Crisis of Dying ». Lake Erie College Studies. Painesville, Ohio, Lake Erie College Press, 1966.

Note du traducteur

Choix lexicaux

Realm of being	domaine ontique
B-Attitude	attitude ontique
B-Love	amour ontique, amour généreux, désintéressé
B-Cognition, Cognition of Being	connaissance ontique, connaissance de l'Être
B-Knowledge	savoir ontique
B-Cognizer, B-Cognizing	individu ontique
B-Values, Values of Being	valeurs ontiques
B-Man	homme ontique
B-Psychology	psychologie ontique
D, Deficiencies, Deficit, Deficient	déficits, déficiences
D-Love	amour déficient
D-Behavior	comportement déficient
D-Cognition	connaissance déficiente, connaissance ordinaire
D-Psychology	psychologie de la déficience
D-Realm	domaine des déficiences
D-Aspects	aspects déficients
Peak-experience	expérience paroxystique
Plateau-experience	expérience de plénitude
Core-religious Experience	expérience religieuse première

RELIGIONS, VALEURS ET EXPÉRIENCES PAROXYSTIQUES

Ends	finalités
Experiencer	expériant
Goals	buts
Partial goals	buts partiels
Basic goals	buts fondamentaux
Ultimate goals	buts suprêmes
Helper	soutien, guide, compagnon
Illumination Knowledge	savoir révélé
Inner-directed	autodéterminé
Needs	besoins
Basic Needs	besoins fondamentaux, élémentaires
Physiological Needs	besoins physiologiques
Safety Needs	besoins de sécurité
Love Needs	besoins d'amour, d'appartenance
Esteems Needs	besoins d'estime
Self-Actualization Needs	besoins d'accomplissement de soi
Ontification	ontification
Other-directed	hétérodéterminé
Peak-Knowledge	connaissance paroxystique
Peaker	paroxyste
Non Peaker	non-paroxyste
Real-Self	moi véritable
Self-Actualization	accomplissement de soi
Self-Actualizing Individuals, Self-Actualizers	individus accomplis
Self-fulfillment	épanouissement
Unitive consciousness	conscience unifiée
Unitive perception	perception unifiée

Milton Keynes UK
Ingram Content Group UK Ltd.
UKHW020328050824
446478UK00015B/474